シルクロードをつなぐ昔話

中国のグリム童話

百田弥栄子

三弥井書店

中国のグリム童話

シルクロードをつなぐ昔話

はじめに

二〇一二年はグリム兄弟が童話集を刊行してから二〇〇年目に当たるので、各地で記念の講演会や展示会がありました。わたくしも遅ればせながら、十二月十五日、小澤俊夫先生の「グリム童話集二〇〇歳」という講演会が開かれた日本女子大学目白キャンパスにでかけました。

小澤俊夫先生は、「貧乏学生だったグリム兄弟が、屋根裏部屋の下宿から、狭い石の螺旋階段を上ってサウィニー先生の家に通った頃の昂揚した気持ち」を、その高い志とともに紹介され、「古代ゲルマンの神話や伝説に目覚め、ドイツ中世の文学に目覚めた兄弟が、一八一二年に始めたことは、二〇〇年経ってみると、昔話が地球上の人類全体を結びつけるものであることを具体的に証明する仕事だった」という学問的な業績を、情熱的に話されました。伺いながら、わたくしの目の前に、ふいに狭い螺旋階段を登るグリム兄弟の姿が映り、脳裏に〝中国のグリム童話〟の世界が広がっていきました。

小澤先生は講演会でも、そして『グリム童話集二〇〇歳 日本昔話との比較』などの御著書の中でも、強く主張されたのは、上記の点の他に、グリム童話と日本昔話との比較であったと思います。

日本昔話の場合には、登場する動物は、わたくしたち人間と同じ生活圏に暮らしている。両者の間には精神的な断絶はなく、動物との関係を肯定的にとらえ、信頼感さえもち、動物との交流の体験談すら語られている。自然の動物から妖怪といえそうな姿まで、微妙に少しずつ違っていて幅があるものの、どの段階の動物でも、人間と同じ自然の中に住んでいる。それに対してヨーロッパのメルヒェンの動物は、魔法にかけられた人間、呪いをかけられた人間でありながら、人間界とは別の次元の世界にいる、と解説されたのです。

また森についても、日本昔話では山や森は神々の住む場所、神聖な場所であり、かつてヨーロッパにいたゲルマン人の間にも、木に神が宿るという自然崇拝があった。けれども「ローマ帝国が武力でゲルマン民族を制圧して行くとともに、キリスト教の布教の先兵となってゲルマン人の中に入って行った僧侶たちに求められたのは、まず森を制圧することだったということです」。森は、呪いをかけられた者が逃げ込み、もしくは拘束されている所となりました。日本昔話とヨーロッパのメルヒェンとの間には、このような決定的な違いがありました。

自然の中に神を感じ動物を神と崇める自然信仰が色濃く残っている日本の民衆文化と、唯一絶対神であるキリスト教文化との違いが、昔話の世界に表れないはずはありません。

さて、グリム童話が「昔話が地球上の人類全体を結びつけるものであることを具体的に証明」したものであるならば、中国にもグリム童話が語られていてもよいはずです。わたくしも中国の昔話の中に「人類全体を結びつける」普遍性のようなものを実感しています。

中国の昔話には日本と同じく自然の動物が活躍しますし、その一方で魔法によって変身する（魔法ではなく法術、妖術などといっています）物語も少数あって、その意味では日欧の両方の特徴を兼ね備えている、ということはできます。

けれども古来「怪力乱心を語らぬ」合理性を尊ぶ中国の人々は、その変身に理を与え、時の流れにも合理を求めました。メルヘンは『広辞苑』によると「全くの空想によって作った物語」とありますが、中国ではその〝空想〟部分に説明を試みようとするのです。その点は広い世界で中国に求められる神話、伝承の特徴かと思われます。

わたくしは『シルクロードをつなぐ昔話　中国のグリム童話』を上梓するにあたって、小澤俊夫先生が訳された『完訳グリム童話―子どもと家庭のメルヒェン集―』Ⅰ、Ⅱ（一九九九〈初一九八五〉年　ぎょうせい）を参考にしました。一八一九年の第二版の完訳です。「解説」には「この版が、グリムのメルヒェン集の歴史のなかで、重要な地位をしめているからです。それは、ひとことでいえば、口づたえされてきたメルヒェンらしい、そぼくな語りかたが、一八五七年版（初版）より、たもたれているということにあります」とあったからです。訳文もここからいただきました。また、引用文は、上記の『グリム童話集二〇〇歳日本昔話との比較』からです。

ただ、「長靴をはいた猫」は初版にあって、この第二版にはありませんでした。初版にはあったのに、この版ではグリム兄弟が削除してしまった、それはペローのものが有名になってしまったからであろう、といわれているそうです。けれどもわたくしは、この「長靴をはいた猫」がとても好きで、絵本もいろいろ集めました。それでここに加えることにしました。

なお、物語のはじめに、おおよその伝承地を示した地図を掲げました。グリム童話は二〇〇歳ですが、中国のグリム童話のほとんどが中華人民共和国が一九四九年に建国されてから採集されたので、伝承地が分かっています。それぞれの地で、はるか昔からずっと今日まで語りつがれてきたことは、なんと幸いなことでしょう。

それはそれとして、ここでは中国のグリム童話の世界にお誘いしたいと思います。読者の皆様にお楽しみいただければ、なによりもうれしいことです。

目次

蔵族の娘
陳永鎮（絵）『奴隷と龍女』

長靴をはいた猫

グリム童話の「長靴をはいた猫」は粉屋の息子が猫の大活躍のおかげで、王女様の婿になるお話でした。そこで中国に「長靴をはいた猫」の類話を探すと、蔵《チベット》族、羌《チャン》族と達斡尓《ダフール》族、蒙古《モンゴル》族、傈僳《リス》族、維吾尓《ウイグル》族の、計八話がありました。このうち蒙古族と維吾尓族が「長靴をはいた狐」で、その他は「長靴をはいた兎」です。

　狐の賢さはよく知られていますが、中国では兎も智恵の化身とされています。月の中で不老長寿の妙薬を搗く白兎は玉兎《ギョクト》と呼ばれ、月の精とも美しい嫦娥《じょうが》という女神の化身とも伝わります。兎も「長靴をはいた猫」の代役を立派に果たす瑞獣なのです。

　彼らは主として広い高原で牧畜と狩猟で暮らしてきた人々で、その後農耕にも従事

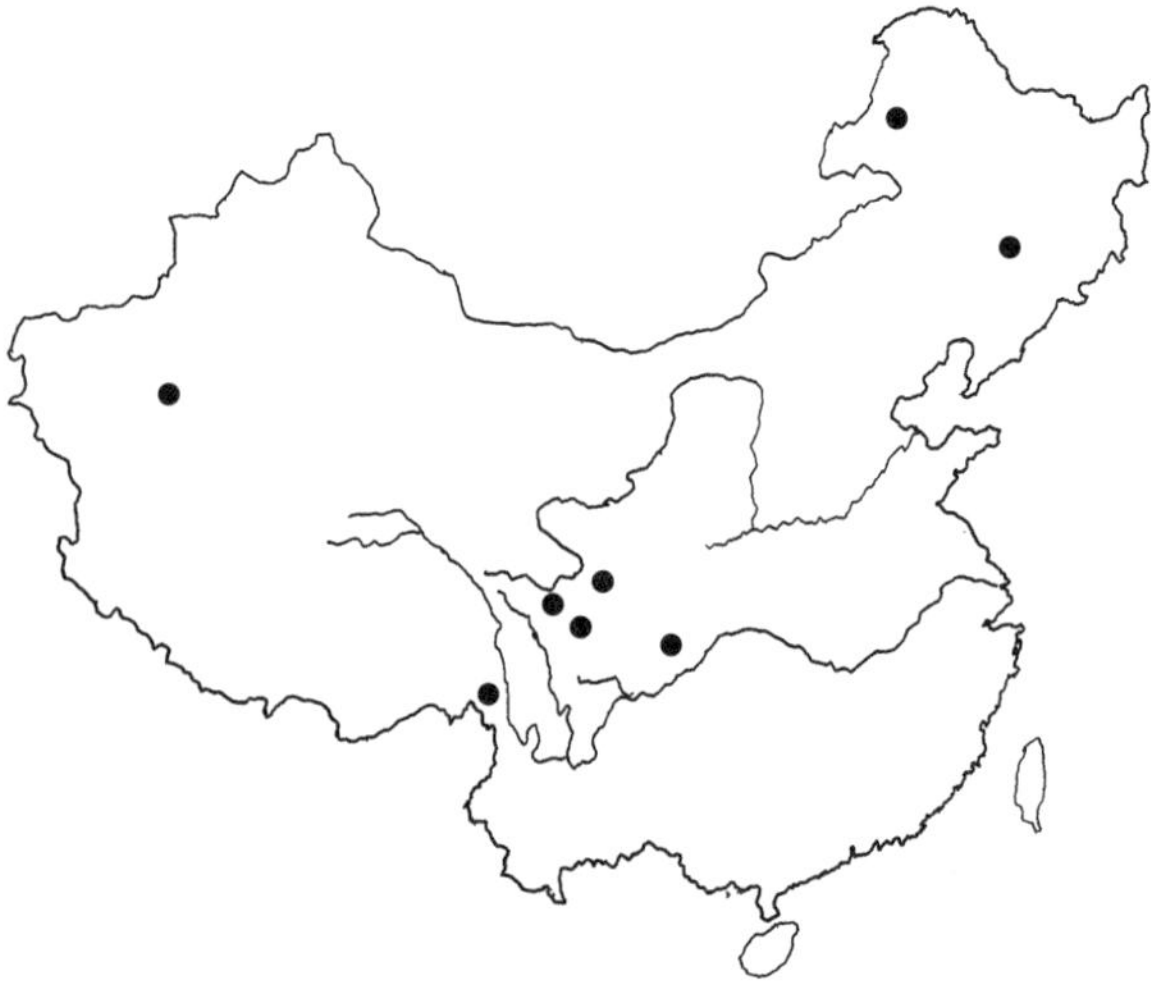

「長靴をはいた猫」の伝承地

しています。傈僳族は標高一〇〇〇メートルを越える山地か水利のよい谷間で焼畑を営んでいます。

1　賢い赤狐　蒙古族《モンゴル》

内蒙古自治区の呼倫貝尓市陳巴尓虎旗烏珠尓公社の蒙古族の間に流布する伝承で、ホロンバイルの大草原が舞台です。ホロンとバイルは男女の名前で、仲を裂かれて二つの湖に化身したという悲しい物語が伝わります。とはいえホロン湖は琵琶湖の三倍余りの広さがある海のような湖、バイル湖にしても琵琶湖よりもほんの少し小さいだけの大湖です。豊富な魚介がとれ、地平線の彼方まで広がる草原は天然の牧場、地下からの鉱物資源も無限で、草原はそれは豊かです。

はるか遠いむかし、宝羅勒代《パオルオロタイ》という貧

李寸松（絵）

しい若者がいた。ある日、狩人に追われる狐を草むらに隠して助けた。一日おいて、「あなたは命の恩人。お礼に玉帝《ぎょくてい》（玉皇大帝）の姫をもらってあげましょう」という。若者は適当にうけながしたが、狐は大まじめだった。翌日、狐は天へ昇って玉帝に、「玉帝、どうか金銀をはかる枡をお貸しくださいまし。地上の大富豪、宝羅勒代家の財産をはかろうと思いまして」と願いでた。玉帝はそんな名前は初耳だったが、その大富豪と知り合いになりたくて、すぐに貸してくれた。

　狐は地上に戻ると、石ころや砂の山に金の枡をぐいぐい突っ込んだ。七日の間枡が壊れそうになるまで、むちゃくちゃにかき回した。それから若者の家に行くと、家にあった一切がっさい、小鍋まで売り払って、銀貨五両に代えてしまった。「おいおい狐、これでは話が違うよ」とうらむ若者を残して、狐は再び天へ昇った。「玉帝、この一週間、宝羅勒代家の金銀をはかるのに大忙しで、枡をお返しするのがすっかり遅くなりまして。この銀貨はほんのお礼のしるしです」。こういって狐が差し出した枡は、がたがただった。なんという金持ちかと、玉帝はあきれた。狐はすかさず、「玉帝、姫を宝羅勒代殿の花嫁にいただきとうございます。よろしければわたくしめ、喜んで仲人をお引き受けいたしましょう」。玉帝は、こんな良い縁談はまたとはないと思ったが、わざと難しい顔をつくって、「まあ待て。その前に宝羅勒代《パオルオロタイ》とか申す者に会ってみたいものじゃ」。狐は喜び、急ぎ若者の元に立ち帰った。ところが若者はかぶりを振るばかり。「だめだめ、ぼくが無一文と知ったら命はない」「ご心配いりません。わたくしについておいでなさい」と狐はいって、若者を天へ導いた。

宮殿に近い深い淵にさしかかると、狐はいきなり若者を突き落とし、あわてふためき駆けだして叫んだ。「大変です、大変でーす。玉帝！　婿殿が淵にはまってしまいました。早く馬をよこしてください！　服もひと重ね、お願いしますーっ」。玉帝も大あわてで馬と服を用意させて、狐に届けさせた。若者が服を着ていると、そばから狐が、「いいですか、馬を繋いだら絶対に振り向かないこと。宮殿に入ったら服をしげしげ見ないこと。食事中は決して音をたてないこと。この三つを守ってくださいよ。わかりましたね」と、くどくどと言い含めた。ところが宮殿に入ったとたん、若者は馬を振り返って見るわ、服はしげしげ見るわ、そのうえ食事中、音を立てっぱなし。玉帝は狐に、「あの若者は貧しい育ちじゃな。あれほどみごとな馬や服や、豪華な食事は初めてのようだ」。賢い狐は一瞬で機転をきかせ、「とんでもございません。あの馬も服も、宝羅勒代家のものとは比べようもございません。それであのようにしきりに見ておいでなのです。この料理も実にお粗末。お口に合いませんので、思わず音をたてているのでございます」。こういわれると、玉帝には若者がいよいよ大人物のように思えて、その場でこの縁組みを承知した。さあ若者の驚きといったらなかった。「いかんいかん。玉帝は姫様をくださるおつもりだ。もうおしまいだ」。すると狐は、「ご安心ください。一足先に行って用意万端、整えておきましょう」。そういうと、狐はさっさと地上に帰って行った。

狐は果てしのない草原をどんどん行き、ラクダの群をみると、「おーい、このラクダは誰のかい」と聞く。「みんな十五頭の蟒古思《マンクス》（妖魔）のものだ」とラクダ飼い。狐は、「教えてやろう。じきに玉帝がおみえになる。蟒古思のものだといってみろ。八つ裂きにされるぞ。それがいやなら宝羅勒代様のものだと申し上げよ」。狐は大草原をどんど行って馬の大群を、更にどんどん行って牛の大群を、なおもどんどん行って羊の大群を、みつけた。みんな十五頭の蟒古思のものだったが、馬飼いにも牛飼いにも羊飼いにも、狐はラクダ飼いに教えた通りにいわせたのだった。

それから狐は広い草原をとっとこ急いで、蟒古思の宮殿に着いた。十五頭の蟒古思は、「ずる賢い狐め、なにか用か」「お急ぎください。玉帝がお越しだ。羊小屋の大石の下にお隠れなさい。玉帝に見つかったら大変です」。聞くなり蟒古思はぎょっとして、ころがるように羊小屋に行き、大石の下に身をひそませた。狐はこんどは大勢の召使いに向かって、「よいか。蟒古思の手先と知れて八つ裂きにされたくなかったら、玉帝には宝羅勒代家の召使いでございますと申し上げよ」。

一方、玉帝は姫を伴って、若者と一緒に草原にやってきた。道々ラクダや馬、牛、羊のすばらしい群に出合って持ち主の名を聞くたびに、「地上の大富豪、宝羅勒代様のものでございます」という答えが返ってきた。立派な宮殿に着いてみると、内も外も贅の限りを尽くしている。玉帝はうれしくなって、「のう婿殿、そちはたいした金持ちじゃ」。「そうでしょうとも」と、狐がひきとった。「ただ、ラマ僧の占いでは、婿殿のご運勢をねたむ者が、羊小屋の大石の下にひそんでいるとか。そいつさえいなければ、婿殿は今よりはるかに富んでおられるはずでございますのに」。玉帝は火のように怒り、たちまちゴロゴローッと、雷を落とした。十五頭の蟒古思は大石とともに、こっぱみじんになった。

こうして若者は玉帝の娘婿となり、姫と一緒にこの宮殿に住んで、幸せな日々を送った。

（原題「機知的紅狐狸」仁欽道尔吉、祁連休捜集整理『民間文学』一九六二年第六期）

2　白ウサギ　達斡尔族《ダフール》

達斡尔族は「賢い赤狐」を伝える内蒙古自治区呼倫貝市の最東部、莫力達瓦達斡尔族自治旗に居住しています。民族名の達斡尔は「田畑を耕す人々」という意味をもつように、歴史的に農耕文化を持ち、清代ころからは漁業や牧畜、狩猟も営むようになりました。自治旗名の莫力達瓦《モリダワ》は「馬にのってようやく越えることのできる山」の意で、北にはえんえんと大興安嶺山脈が続いています。彼らはシャーマニズムを信仰し、ラマ教を信じる人々も少数います。清代には多く満文を用いていたため、ほとんど姿を消した満文を今に伝えているといわれています。

敖力胡《アオリフ》という若者が、狼に追われるウサギを助けた。ウサギはその日のうちに雷公《レイコン》（雷神）を訪ね、「敖力胡という若者は星の数ほどの牛馬を持ち、羊も数知れず。誠にあなた様の娘婿にふさわしい。明日お連れしましょう」という。雷公は喜ぶ。「ただし、若者は大力士だから、橋という橋は踏み抜かれぬように、修理しておいてください」と言い添えた。

翌日、ウサギは敖力胡を伴ってやってきた。緑の草原に羊の群が見え、二頭の黄色狼が見張っている。ウサギは、「明日雷公が通ったら、娘婿殿のものだといえ。でないと雷公に撃たれるぞ」と脅す。山のスロープでは二頭の灰色狼が牛の群を守り、麓でも虎が馬の群を守っていた。ウサギはそこでも同じように脅した。雷公の家は高い山の頂にあり、中腹を雲が巡っている。ウサギは若者の服をわざとぬらし、「なぜ橋を直しておかなかったのか。大力士が川に落ちてしまったではないか。服をよこしてくれ」。こうして雷公は敖力胡を娘婿にした。

翌日、雷公は金銀の車三輌、嫁入り道具の車三輌を用意し、四頭立ての馬車に姫を乗せると、人馬を率いて出立した。ウサギは道案内に立ち、虎、灰色狼、黄色狼はみなウサギにいいつけられた通りに答えた。ウサギは三頭の莽蓋《マンガイ》（妖怪）の家にかけこんで、「雷公のご一行がここでお休みになる。応援にそそうがあると、

撃たれるぞ。早く草むらに隠れろ」。ウサギは家人に婚礼の用意をさせて、雷公を出迎えた。婚礼が始まった。ウサギは草むらに雷公を導いて、「この草を撃ってみせてください」と頼んだ。三頭の妖怪は、草もろとも灰になった。若者は母と妻と三人で、幸せに暮らした。

（原題「小白兔」多文林搜集整理『達斡尔族民間故事選』一九七九年 上海文芸出版社）

内蒙古自治区の蒙古族と達斡尔《ダフール》族の「長靴をはいた猫」には、多頭の妖魔が出現しました。これは魔物とか魔王、妖怪、悪魔、悪鬼などと訳されている妖魔で、蒙古族では蟒古思《マンクス》（蟒古斯、蟒猲斯、毛古斯、芒古斯）、達斡尔族は莽蓋《マンガイ》（満蓋）、鄂倫春《オロチョン》族は蟒貌《マンマオ》（満蓋）、鄂温克《エベンキ》族は満蓋《マンガイ》などのようにいいます。しばしば内蒙古や東北地域の諸民族の神話や英雄叙事詩に登場し、英雄に退治されるのですが、彼らの最大の特徴はいずれも複数の頭を持つという点です。一個の他に三個、七個、九個、十個、十二個から一〇〇個の頭があり、尾も頭の数だけ持つ、もしくは七頭八手八足とする妖魔もあります。ある解説では、半人半獣で途方もなく大きな巨魔。人喰い、人さらい、疫病をまき散らすなど、悪の限りを尽くします。中でも「九頭が最も凶悪」で、それは九つの頭がそれぞれ火を噴く、毒を放つ、かみ砕く、血を吸う、破壊を企てる、だます、陰謀をたくらむを分担するから、などと説明するものや、頭数の多いのがより凶悪であるとするものもありました。あるいは三つ頭で、真ん中の頭が生命であるとか、ある聖樹の実が生命であるとか、だからそれを切り落とせば退治できるのだそうです。

また「鉄手銅爪」であるともいいます。彼らの頭（手足）は切り落とされても生えてくる、宝剣宝矢も入らぬ鋼鉄の体（鉄人）などという特徴もあって、英雄は鶏糞を塗った剣や矢を用いてようやく退治することができました。

また玉帝（玉皇大帝、玉皇など）は本来は道教の最高神で、民間で深く崇敬されています。神話伝承では天神、天におられる最高神、天神を指します。天神は雷神でもあって、人々は親しみをこめて「雷公《レイコン》」と呼びます。「雷さま」「雷さん」ほどの意となりましょう。この二話では賢い狐とウサギは、広い草原ばかりか天までも自由に駆け回ります。舞台はぐーんと広がるのです。

ところでわたくしの場合、果てのない草原の彼方に点のようなものが見えました。車をとばしてもとばしても容易に近くに行けません。ようやく近づくと壮麗なラマ寺（革廟）でした。きっと狐もウサギもその点のようなものをめざしてトットコトットコ急いだことでしょう。道を間違える心配はないのですから。パノラマの世界です。

さて、中国には天神は鶏の姿をしているという観念があります。ですからわたくしは〈オンドリ雷神〉と呼ぶことにしています。オンドリの鶏冠はとても立派ですから。多頭の妖怪がどれほどの巨体で鋼鉄の体、鉄手銅爪の持ち主だとしても、雷神にかなうわけはありません。英雄の剣に鶏糞を塗っただけでも、勝負はつきました。

3　弟ウサギ　羌《チャン》族

四川省阿壩蔵族自治州に古くから居住する羌族は、かつては「羌人」と呼ばれて中原以西で牧畜を営んでいましたが、今は農耕にも従事しています。この地の羌族の村を訪ねると、石造りの家々が石壁で続いている村に、堡のような高い石塔がそびえています。かつてはここで外敵を見張っていたそうです。遙か遠くまで、一望に収めることができました。それよりもお知らせしたいのは、山のようなおもてなし料理の中に〝てんぷら〟があったことです。中国をあちこち歩きましたが、日本と同じてんぷらは初めてで感激でした。

貧しい母子が荒れ地を拓いて作ったソラマメとカブラが稔り、明日はいよいよ収穫と思ったやさき、ウサギにあらかた食べられてしまった。母は息子に松林から松脂を取って来させると、畑の脇の岩に置くようにいいつけた。太陽が昇ると松脂が溶けだし、ちょうどかけてきたウサギの尾がくっついた。母はウサギを捕まえて戻り、息子に薪を取って来させ湯を沸かさせた。ウサギは、「助けてください、あなたの息子になりましょう。兄さんといっしょにお手伝いします」と命乞いをした。そこで母はウサギを許し、息子の弟にした。

ある日、弟ウサギが、「今日はあっちのお金持ちの家で嫁取りがありますよ」というので、兄は山の分かれ道のところで林に隠れ、弟ウサギは道ばたの岩に寝ころんだ。やがて花嫁行列がにぎにぎしくやってきた。岩の上でじっと動かないきれいなウサギに気づいた花嫁と花嫁送りの人々は、馬を下りて捕まえようとした。ウサギはぴょんとひと跳び、女たちは背負っていた荷を下ろしてウサギを取り囲んだ。ウサギは更にぴょんと跳び、こうして彼らはウサギをどこまでもどこまでも追っていってしまった。

これをみた兄は林の茂みから出て、そこに放り出された嫁入り道具を片端から二頭の馬にくくりつけて、家に戻った。母はウサギを撫でて喜んだ。

翌日、兄弟はまた分かれ道にやってくると、兄は林に身を隠し、弟ウサギは岩に寝ころんだ。しばらくすると、向こう

からどこやらのお代官の一行が、旗を掲げ銅鑼《ドラ》を叩きながら通りかかった。ウサギはさっと岩の隙間にひそんでやり過ごした。続いて代官の衣裳や金銀を担いだ人々が来た。彼らは岩に寝ている太ってきれいなウサギを見ると、「これは酒のさかなにおあつらえむきだ」と、荷物を置いてウサギを捕らえようとした。ウサギはぴょんとひと跳び。こうしてこんどもウサギを追ってはるか遠くまで追っていったものの、とうとう捕まえられず、代官のお仕置きを恐れて逃げて行った。

兄はこんども荷物をそっくりいただいた。家には金銀財宝がいっぱいで、三人は金襴緞子に身を包み、小羊の皮を敷き狐皮で覆った。この土地の土司《どし》（世襲の地方長官、領主）ですらこんな豪勢な暮らしではなかった。

暮らしにゆとりができると、弟ウサギは母に、「兄さんにきれいなお嫁さんを見つけてきましょう。家にお一人にしてよいですか」という。母が承知したので、兄弟はそれぞれ馬にまたがり、金銀と緞子をもって出発した。山を幾つも越えて役所に来ると、弟ウサギは金を借りに入って行った。土司はその上等なこしらえを見て、どこぞの大金持ちの息子と思い、下にも置かぬもてなしで、金も貸してくれた。こうして土司の屋敷に住むと、お茶汲みの下女にまで金銀を与えた。土司は彼らの財力がうらやましくてならず、兄弟のどちらかに娘をもらってもらいたいと願ったが、「娘にはまだ良い人がいないのだ」と遠回しにいうのが精一杯だった。弟ウサギはその時をのがさず、「実は兄は求婚に来たのです」といった。土司はそれは喜び、その日のうちに娘と兄の結婚話がまとまった。土司は娘を送っていくという。兄はあのあばら屋をと思って頭を抱えたが、弟ウサギは、「ご安心ください」とすました顔。

弟ウサギは、「わたしは先に戻って婚礼の用意をいたしましょう。七日後にどうぞ花嫁さんとおいでください」といって、馬にまたがり土司の屋敷を辞した。そのまま道を急ぐ様子もない。六日目になってやっとこのあたりを治める悪土司の館に向かった。ちょうどあたりは暗くなり、黒雲がむくむくと空を覆い、強風も吹いてきた。弟ウサギは、「わしは天から遣わされた土地神だ。玉皇はお前の数々の罪状に対して、家人全員を捕らえに、今夜天の将兵をよこす。そこに直っておれ」と怒りに震えた様子を作った。雷鳴が轟き、風が吹き荒れ土砂降りの雨も降ってきたから、悪土司は床にひれ伏して命乞いをした。

「ふだんの神を敬う心に免じて、一家全員、わしに付いてこい」。土司はあたふたと妻と子どもたちを呼び、真夜中に弟ウサギについて懸崖にきた。ウサギ土地神は懸崖に立ちこめるもやもやとした霧を指し、「白雲がわしの家だ、お前たちはあそこに隠れておれ、天の兵隊たちはみつけられない。大丈夫だ」。「どうやって行くのか」と土司。すると弟ウサギは、「わしが毛を一人一本与えよう。跳び降りればその毛がわしの家に連れて行く」。土司一家はウサギの毛を手にとって一斉に崖下に跳び、死んでいった。

弟ウサギはうきうきと屋敷に戻ると、数百人の使用人に、「お前たちの土司は大勢の人をあやめたから、玉皇が罰を与えた。明日新しい土司が来られる。心やさしいお方だ。さあ、歓迎の準備だ」と叫んだ。使用人たちは大喜びで、徹夜で酒宴の用意をした。

翌日、遠くからマントン（太い竹の節に吹口をつけて吹く楽器）やソナー、胡琴の音が響いてくる。弟ウサギは数百人の使用人を勢揃いさせて、花嫁一行を出迎えた。そのにぎやかなこと。花嫁は金銀銅鉄木の五つの大門を構えた豪壮な屋敷に声もない。花嫁送りの人々も、口々に褒めそやした。近隣の人々も祝いに集まった。新しい土司は七昼夜にわたる盛大な酒宴を催し、帰りには一人ずつに金銀と反物の土産に与えた。新しい土司の評判は高まった。兄は土司になり、母を迎えて、一家は豊かに暮らした。

弟ウサギは母と兄嫁に、「それではこれでおいとまします」というや、二人に口をはさむ間も与えず、ピョンピョンと森へかけて行ってしまった。

（原題「兔子弟弟」戴北辰捜集整理『民間文学』一九五八年三月号、『中国民間故事選』一九五八年　人民文学出版社）

土司は西南部の少数民族地区で、元・明・清の時代に世襲の官職を与えられて間接統治をまかされていた指導者で、従来からその土地を治めていた領主、首長が任じられました。たとえ中央から役人が派遣されて来たとしても、言葉が全く通じなければ、仕事になりません。この制度は清代に流官（中央より任を受けた役人）を派遣して直接統治に切り替える、「改土帰流」と呼ばれる政策まで続きました。

さて、弟ウサギは「土地神」となって悪土司を退治します。土地神は天の玉皇から下界の土地を管轄せよという命をうけて、それぞれの土地に常駐し、その土地を守護する神様です。中国を歩くと、大木の根元や岩根、小山の麓、辻などに、小さな祠がたたずみ、香が焚かれていたり、聖水があがっていたりします。土地神はどの土地でも壮麗な伽藍など、要求したりしません。人々にとって、誕生から墓場まで何でも相談できるとても身近な神様なのです。弟ウサギの「土地神」から「玉皇の罰が下るぞ」と脅された悪土司の、震え上がる様が見えるようです。

4　山ウサギと少年　蔵《チベット》族

中国の著名な神話学者の故肖崇素先生が一九五四年から翌年にかけて、四川省の成都から内江市来蘇（現在の行政区画では重慶市永川市来蘇鎭）におもむいて、採集されました。ちょうど大雪の降る真冬で、室外の温度は氷点下十六度、深夜には氷点下二十六度にもなります。肖先生は蔵族の黒尓甲さんと通訳の呉三合さんの三人で，毎日小屋の古びた木箱を囲みました。

語り手の黒尓甲さんは、「後記」によると夾壁大頭目の奴隷という身分で、雪山の麓で主人のために放牧している牛飼いであり、文化や文学などには無縁の半耕半牧の農民です。彼の伯父はラマ僧で、大土司や地蔵王、弥勒仏、釈迦仏などの書物をよく読んでいました。彼は昼間はラマ寺で牛の番をし、夜は伯父が〝書物〟の物語を話してくれました。彼は文字は読めないが記憶力が抜群だったので、みな覚えてしまいました。ところが伯父が亡くなるとあちこち働きに出なければなりませんでした。するとこんどは十余りの地方の言葉も分かるようになり、人々に物語を話してきかせるようになりました。肖先生もその語り口のすばらしさ、話の豊富さには、驚嘆するばかりでした。

肖先生は、数百年来外界との接触のなかった氏族社会の、来蘇の蔵族の故事「山ウサギと少年」がグリム童話に似ているのは驚きだと述懐されています。

母が勒乳恩《ロルエン》という息子と高山の畑で作物をつくって暮らしていた。ところが豌豆の芽がでてくると、山ウサギに食べられた。翌年にはオオムギをつくったが、芽が出たはしから食べられた。三年目、母子はジャガイモをつくることにしたが、これも芽が出るとウサギが来て食べてしまった。息子は罠をしかけたが、山ウサギは賢くて、罠にはひっかからなかった。それでも息子は、毎晩、腹いっぱいになったウサギが青石板に坐りこみ、ゆっくり顔を嘗めまわすと、石板の上で三度でんぐり返りをして、草むらに消えていくのをつきとめた。息子は母と相談し、山に入って樹液を取ってくると、石板に塗り、あとは太陽が照るのにまかせておいた。その夜、母といっしょに待ちうけた。

ほどなくウサギがやってきて、いつものように畑で青菜をむさぼり喰い、腹いっぱいになると石板に坐った。とたんにウサギの毛はくっついた。息子はウサギを捕まえ、母は急いで湯を沸かしに戻っていった。

息子がウサギの首をしめようとすると、突然ウサギが口をきき、「勒《ロ》乳《ル》恩《エン》、ごめんなさい。わたしは普通のウサギではない。許してくれたら、きっとお嫁さんと家と家畜を手に入れてあげよう」というではないか。息子は驚いて母を呼び、「おかしなウサギだ、口をきいたばかりか、わたしに嫁と家と家畜をくれるという」。

母がかけつけると、ウサギは母にも命乞いをした。「どうか殺さないでください。わたしを息子にしてくれたら、孝行します。わたしにこれくらいの草を喰うだけの畑をくださるだけで、お嫁さんと家と家畜をさしあげます。わたしには何の役にも立たないものばかりですが、お二人にはとても大事なものでしょう」という。

陳永鎮（絵）

母は溜息をついて、「そうねえ。勒乳恩はもういい年だし、このあばらや家もだいぶ古くなってきた。それに家畜がいれば、少しは良い暮らしができるはずね。それは無理としても、考えるだけでもうれしくなるじゃあないの。山ウサギ、本当にできるのかい」。

「できますとも。わたしを許してくれれば、ほんの小さな畑をくださるだけで、みんな手に入るのです」。

こうしてウサギは母子の家に住んで、昼間は水汲み、樵、炊事を、夜は床をとり、囲炉裏の火種に灰をかぶせ、まるで本当の息子のようにふるまった。

こうして七日目、ウサギは、「おかあさん、おかあさん、明日麓の土司の館にお嫁さんをもらいに行ってきます。饅頭を三つつくってください」

母は、「冗談でしょ。土司のお嬢様がこの家で豌豆を食べるっていうのかい」と本気にしなかったが、ウサギが「饅頭をつくって」と熱心にいうので、母はあきれながらつくって与えた。

ウサギはかけてかけて、密林に入って、虎の通った足跡をみつけて立ち止まった。そこで篝火を焚き、火を囲んで愉しそうに円舞を踊った。

五頭の虎が近寄ってきて、「ウサギ、何がそんなに愉しいの」

山ウサギは、「麓の土司《どし》の誕生日に、一〇〇頭分の牛の肉がふるまわれるそうだから、明日肉が食べられるぞ。少なくとも牛半頭分だ。うれしいだろう」

虎たちは、「俺たちも行きたい」

「行くのはいいが」と、ウサギは言った。「そんな怖そうな様子をつくって行ってはだめだ。お行儀良くしなければ。土司は礼を尽くして誰にでも〝哈達《ハダ》〟をくださるから、うやうやしくいただくのだ。肉を分けてくださる時も、そろそろと列に続きなさい。土司家の規則を破って、肉を独り占めしようとすると、棒で打ちすえられる」

虎どもは肉を喰いたい一心でいちいちうなづいた。山ウサギは虎どもに重ねて注意を与えると、連れて行った。

ほどなく、五頭の山犬の足跡をみつけ、それからしばらく行ってたくさんの狐の足跡をみつけた山ウサギは、近づいてきた彼らにまたこんこんと土司家でのふるまい方を教えた。「肉を食べたいのなら礼を尽くして哈達を受け取り、お行儀よくしているように」と。

土司の館の前で、ウサギは野獣どもを外に待たせて入っていって、「土司、〝富豪の勒乳恩〟が求婚にきました。このあたりで羽振りのよい勒乳恩は、お近づきの印に虎五頭、山犬五頭、それに狐一〇〇匹を連れて参りました。どうぞお収めくださって、この求婚をお認めください」。

この時、土司は求婚にきた近くの頭目を接待していたが、驚ろいてウサギを見た。見れば見るほど愛らしいウサギ。それにこれほどの贈物を持ってくる勒乳恩は、きっと大人物に違いないと思い、ただちに贈物を受け取れと命じた。

下僕は鉄鎖を持ってきて野獣たちの首にかけると、野獣たちはこれが〝哈達〟だろうと思って、行儀良く首をたれた。下僕に牽かれていく時も、まだ宴席に案内されると思っておとなしく従った。こうして鉄格子の檻に繋がれた。

贈物を受け取った土司は、「ウサギよ、有能でお金持ちのご主人と姻戚になりたい。三日後に、わしは娘を麓の川岸まで送って行く。そこでお会いしようではないか。もしも合意ができたら、結婚ということだ。帰ってご主人にそう伝えよ」といった。

山ウサギは土司に礼をいうと、家の方へとぶように駆けていった。ふと足を停めると、川岸の岩に坐って考え込んだ。

顔を上げると一人で馬に乗った客人が目にとまった。立派なみなりをしているが、熱があるらしく、服と靴は馬上に置くと、川の水を飲み、足を洗い始めた。ウサギはしめしめと近づいて、ひらりと馬に乗り、「お客人、〝富豪の勒乳恩〟が服と馬を拝借する。数日後には倍にしてお返ししよう」というと、返事も待たずに馬に鞭をあてた。

三日目、土司は娘をともない、お供と兵隊をつれて川岸にくると、テントを一〇〇個も張らせた。それは壮観だった。ウサギは勒乳恩に客人から借りた服を着せ，借りた馬に乗せると、勒乳恩の後ろに乗って川岸に行って土司に面会した。土司の娘は若者に好意を抱いた。その夜は酒宴になり、円舞が舞われるうちに二人は結婚した。土司は羽振りのよい婿にケチと思われないように、毎日牛羊を殺してふるまい、自ら宴席を回った。

四日目、土司は馬二十頭分の嫁入り道具をもたせ、一隊の兵士をつけて送らせた。ウサギは前に立って案内している。

雪山には恐ろしい熊の妖怪がいて、しばしば山を下りて通りかかった旅人をかどわかしていた。妖怪はそれは金持ちで、左右に金と銀の階段がかかっているそれはすばらしい宮殿に住んでいた。家具もすべて金。ウサギは躊躇なく雪山に向かった。

雪山に近づくと、ウサギは兵士たちからラッパを借り、「〝富豪の勒乳恩〟の屋敷はすぐそこだ。お迎えする用意をしよう」といいつつ、先を急いだ。

熊妖怪の宮殿が見えると、ウサギはラッパを力いっぱい吹きならした。熊妖怪が扉を開けると、ウサギはラッパを草むらに隠して震えるように駆け込んだ。妖怪は、「ウサギよ、ウサギ、ここに逃げ込むとは命知らずめ」

「熊旦那、熊旦那、大変です。この下の土司と〝富豪の勒乳恩〟の連合軍がきます。熊旦那は大勢の人を喰った。連合軍は旦那をとっ捕まえて退治しようとしています。野獣どもはみな殺され、草も枝葉も打ちはらわれ、その恐ろしいこと」といって、全身をぶるぶる震わせた。

熊妖怪が下を見ると、本当に大勢の人馬が上がってくるではないか。「大変だ、どうしたらいいか。あの軍隊にはとても勝てない。ウサギよ、どこかにわしを隠しておくれ」

ウサギは、「わたしでも隠れるところがないのに、熊旦那を隠すなど。ああもうじきくるぞ。逃げなければ」といいながら、逃げ出しそうなそぶり。

熊妖怪は、「ウサギよ、行かないでくれ、どこに隠れたらよいか」

ウサギはあちこち出たり入ったりして探すふりをして、大きな銅鍋をみつけ、「この鍋に隠れなさい。彼らはたくさん食料を持ってくるから、きっとこの鍋は捜索しないでしょう。この館でここが一番安全だ」

熊妖怪はころがるように銅鍋に身を隠し、ウサギに大きな木の蓋でしっかり押さえるようにと頼んだ。

ウサギは蓋をすると、ただちに大木をみつけてきて上の梁につっぱらせ、鍋に点火し、妖怪が泣こうがわめこうがほうっておいた。花嫁送りの隊伍が到着した時には、熊妖怪はすでに骨になっていた。

こうしてこの立派な宮殿は、勒乳恩のものとなった。ウサギは残された衣装の中から一番よい衣装を母とお客人に選んだ。ウサギは言葉通り、客人に借りたものを倍にして返した。彼らは熊妖怪の家畜小屋から肥えた牛羊を選び、それからすべての倉も開け放って一番良いものを取り出し、土司の従卒と兵士たちを歓待した。

それから勒乳恩は母と美しい嫁と、幸せな日々を送った。

彼らはウサギの功労も忘れず、毎年豆や麦が芽をだすころになると、ウサギに柔らかな新芽を与え、それでウサギもうれしく一緒に住んだ。

（原題「山兔与少年」『奴隷与龍女』一九五七年 中国少年児童出版社（上海））

哈達《ハダ》は蔵族（と蒙古族の一部）が仏様に供えたり、主人側が祝賀や敬意をこめてお客に贈ったりする帯状の長い薄絹のことです。わたくしが訪ねた四川省の蔵族の村では白絹で、親しく首にかけていただきました。仏様の像には白や赤、黄、緑をそろえて肩にかけてさしあげますし、女方の家長に哈達を贈り、受け取ってもらえれば婚約成立、という習俗もあります。秋祭りには草原に哈達を等間隔に敷き、若者は騎馬したままで走り抜けながら取る、多く取った者が優勝という、すばらしい騎馬技術を競う競技があって、草原は興奮に包まれます。

5 間抜けとウサギの物語　蔵《チベット》族

四川省甘孜蔵族自治州巴塘県の蔵族が伝えるこの物語は兄弟分家で始まります。わたくしは四輪駆動車で大草原を横断しようとしたことがあります。はるかなる緑の草原に透明の湖が点々とちりばめられた風景は美しく、うっとりとみとれていると、車は急に停まりました。とたんに、影もなかった少年たちがさっそうと馬を駆って現れたではありませんか。馬に乗れと促します。馬の背は思いがけない高さがあって、うきうきと駆け回りました。これ以上の舞台装置はありません。でもどうもあのあたりで停車する話は双方でついていたふしがありました。

むかし、兄が嫁をもらったが、怠け者。弟は間抜けで仕事ができないので、兄は弟を別に住まわせた。弟は畑で作物をつくったが、野ウサギに喰い荒らされてしまった。兄が「罠をしかけて捕らえたら良い」と教えると、その翌日、弟がしかけた罠に一羽のウサギがかかった。弟が斧を振り上げると、ウサギが口をきいて、「殺さないでください。きっと恩返しをしますから」というので、放してやった。

ウサギは頭を使って、頭目からラバの群と金銭財物を借りた。財物をラバの群に背負わせ、弟には大商人をよそおわせ、ウサギは番頭になって行商に出た。ひと山越えた向こうの頭目の家に宿を借りると、頭目は弟を大商人と思い違いをして、歓迎の宴席を設けた。ウサギは弟に、「宴会ではしゃべってはなりません。話は全部わたしがひきうけます。料理を皿にのせるのも、わたしがします。わたしが食べたら、あなたも食べてください。決して動かないように」と教えて、宴会に出た。宴会では弟は口数少なく、鷹揚に構えていた。ウサギはせわしく動き、頭目一家と会話をはずませた。頭目はだまっている弟を、育ちの良い若者と思った。宴会が終わりに近づくと、頭目は我慢できずに、「うちには娘が三人いるが、一人を嫁にもらってくれたら婚資（持参金）をはずもう」といいだした。ウサギは、「うかつに同意しないのが商人です。一度帰って相談してから、明日お返事しましょう」といって、弟と帰っていってしまった。頭目はいよいよ大物と思った。

翌日、ウサギは頭目に、「ただ一つ、銅鑼《ドラ》打ち一〇〇人、乳鉢打ち一〇〇人、笛吹き一〇〇人を揃えるのが条件です」と返事をし、「吉日に、わたしが麓で白煙をたきますから、山頂から賑やかに娘さんを送ってきてください」というと、頭目はすべて承知した。

さあ、ウサギは忙しくなった。弟の隣には金銀財宝に埋もれたような妖怪夫婦が住んでいる。ウサギは急ぎ山の麓に茅葺きの家を建て、婚礼の日に麓で白煙をたくと、それを合図に山頂から賑やかな鼓笛隊の音。隣の妖怪夫婦が、「何事か」と聞いたから、ウサギは、「山の人がお前たちを退治しに来る。うちの草葺きの家に隠れていれば大丈夫」と教えた。妖怪夫婦が恐れて草屋に隠れると、ウサギは火をつけ、妖怪夫婦は焼け死んだ。妖怪夫婦の全財産は弟とウサギのものになり、初めの頭目に借りた分もすっかり返した。

翌年に男児が生まれて、一家は豊かに暮らした。けれども日がたつうちに、ウサギはいずれ自分を虐待するようになるのではないかと不安になった。そこで病気になったふりをして、一日中うなっていた。弟が、「どんな高い薬でもいってくれれば、きっと直してあげる」というと、ウサギは、「明日山頂に登り、そこにわたしとそっくりなウサギがいたら、どうしたら直るのか教えてくれる」といった。

翌日、弟はけわしい山道を頂に登ると、はたして病気のウサギとそっくりのウサギがいる。実はウサギが先回りしてきていたのだ。弟が尋ねると、ウサギは、「たった一つ方法がある。あなたの息子を煮て、ウサギに食べさせるのです」というではないか。間抜けな弟は、「そうしよう」といって、山を降りた。

家に戻ると、ウサギはすでにベッドでうなっていた。「山頂のウサギは何といっていた」と聞くと、弟は、「わたしの息子を殺して煮て与えよといわれた」と答えるなり、刀を振るって息子を殺そうとした。ウサギはあわてて遮って、「殺してはなりません。山頂のウサギは実はわたしです。わたしが年をとったらあなたたちがわたしをどうするか心配で、試してしまったのです。もう安心しました」といった。

それから、間抜けな弟夫婦とウサギは、いっしょに幸せにくらした。

（原題「傻子和兔子的故事」四川大学中文系86級巴塘采風組搜集整理『蔵族民間故事（上）』二〇〇四年　巴蜀書社）

6　賢いウサギ　蔵族

四川省甘孜蔵族自治州丹巴県の岳孔郷で採集されました。目に染みるような緑の草原に、ぽつんと蔵族のゲル（パオ）が建っていました。煙が立ち昇っています。近づくと、チベット犬が忠勤を励んで吠えました。「誰かしら」と顔をだした娘さんと目があって、中に入れていただきました。思ったより広い居住空間で、真ん中のストーブにはやかんと鍋がかかっていて温かです。なによりも、そこで頂戴したヤクの乳製のヨーグルトのおいしかったこと。味わい深い極上のヨーグルトでした。

志瑪《チマ》という母が便巴《ピュンパ》という息子と、山の麓でソラマメを作って暮らしていた。ところが取り入れようとすると、野ウサギに食べられることが続いた。この年、息子は松脂を畑の周りにまいた。やってきたウサギは四肢に松脂がくっついて、身動きがとれなくなった。息子が棒で打ち据えようとすると、ウサギは、「泥鉢に入れて崖から投げて」と懇願するのでそうすると、鉢は崖に当たってこなごなになり、ウサギは逃げだした。母子は、「今年は何を食べていったらよいのか」と途方に暮れた。

ウサギは跳んできて謝り、「お嫁さんをもらってあげよう」といった。ウサギは息子を廟へ連れて行き、奥から色とりどりの薄絹（経文を包んだもの）を一抱え取り出して、

「さあ、これを靴の中敷に作ってください
わたしが土司の館の門を開けたら
靴を落としたふりをしてください」

と歌った。正午、息子とウサギは昂旺《アンワン》土司の館に行った。ウサギが、「お目通りを」と門をたたくと、土司が楼上から顔を出した。ウサギは息子に目配せし、息子はわざと牛糞を踏ん

でころんで、靴が脱げた。土司は脱げた靴の中敷が高価な薄絹なので、びっくり。ウサギはすかさず、

「便巴ははぶりのよい商人
酥油《スーヨウ》（ヤクの牛乳で作ったバター）は山のよう
娘さんのお婿さんになさったらどうですか」

と歌った。土司はりりしくたくましい若者を認め、娘も窓から若者を見て顔を赤らめた。ウサギは続けて、

「明日は吉祥日、便巴の家に送りしましょう
嫁入り行列にぎやかに
婚資贈物も豪勢に」

と歌った。土司はそんなに急には嫁入り支度はできないとあせった。

帰り道、ウサギは先にぴょんぴょんと山の妖怪の館に駆けていき、妖怪に、「明日三〇〇人がお前を退治しに来る」と脅した。妖怪は、「助けてくれ」と震え上がった。ウサギは困ったふりをして、「大きな深鍋を用意して、その中に身を潜めなさい。わたしが蓋をしてあげよう」といい、深鍋にしっかり蓋をして火をたいて焼き殺した。

（原題「聡明的兎子」何慧敏捜集整理『蔵族民間故事（下）』二〇〇四年　巴蜀書社）

7　ザクロの王様　維吾尔族《ウイグル》

新疆維吾尔自治区の維吾尔族地区にて。『民間文学』は一九五五年四月に創刊され、これは七月号に収録されています。維吾尔族は大部分が天山山脈の南のタリム盆地に居住する、主としてイスラム教を信奉する人々です。タリム盆地は中国最大の内陸盆地で、西寄りのカシュガル地区カルギリク県（葉城）は〝ザクロの故郷〟として知られています。「トルファンのブドウ、ハミの瓜、カルギリクのザクロ」と唱われる通りです。この「ザクロの王様」の採集地は不明ですが、もしかしたらカルギリク県のあたりかも知れません。

艾木台克《アイムタイコ》の家は貧しくて、財産といえばただ一本のザクロの木だけ。艾木台克は大切に育てて、実の熟す頃には木の下で昼夜を分かたず見張りをした。そこで近所の人からは「ザクロの王様」と呼ばれていた。秋になり、うっかり眠っている間にザクロが少なくなった。次の日も目を覚ますとザクロが少ない。三日目の晩、一匹の狐をみつけて捕まえようとしたが、毛を二本つかんだだけだった。老人に、「膠を煮詰めて狐の通り道におけ」と教えられ、その晩に狐を捕らえた。打ち殺そうとすると、狐は、「一生お手助けする。お嫁さんもみつけてあげる」と命乞い。「貧乏人のところに誰が嫁にくるものか」と棒を振り挙げると、「打たないでください、国王のお姫様をお嫁さんにしてさしあげる」とまでいうので、放してやった。

狐は宮殿に行って国王に、「秤《はかり》をお貸しください。わたくしどもの王が宝石をはかるのにこちらの秤が必要と、わたくしを遣わしました」と願い出ると、国王は秤を貸してくれた。狐は真珠を二、三個盗み出し、秤の目に詰めて、数日後に返しに行った。感謝の言葉を述べながら秤を放ると真珠がころころ。王子王女が争って拾った。狐は「そんなものが欲しいのですか。知っていたら秤一杯お持ちしたのに。わたくしどもの艾木台克王のところには山のようにございます」。国王は狐をもてなし、「わしには三人の姫がおるが、一人を嫁にもらってもらいたい。艾木台克王と結婚できれば、姫はきっと幸せになるだろうし、わしにとっても誉れ。仲人になっておくれ」。姫たちも口々にわたくしが嫁に行くという。「お待ちください。わたくしどもの王の気持ちも伺ってみなければ」と狐は帰って行った。そして艾木

台克には、「国王は姫を嫁に与えることを承知しました。さあ、用意をしましょう」。艾木台克は急に不安になったが、狐は、「ご心配なく。おまかせください」。

都の外側には大川が巡っている。大川まで来ると、狐は、「川に顔だけ出して横になっていてください、動いてはいけません」。艾木台克が川に跳び込むと、狐は国王のところへ急ぎ、「わたくしどもの艾木台克王がラクダ四十頭に宝石を積んで川まで来ると、急に水があふれてラクダは流され、王もすんでに溺れ死ぬところでした。わたくしめが急流からお助けしたのですが、衣服は流されてしまいました」。国王はいっそううらやましくなり、「わしへの贈物が流されてしまったのなら、お気持ちだけお受けしよう。早く衣服を艾木台克王のところへ」と命じた。

列陽（絵）

艾木台克と姫の婚礼は、四十日にわたった。艾木台克は、「いつまでもここには居られない。どうしよう」と、また不安になった。「大丈夫、堂々とふるまっていてください。わたくしめが何とかいたしましょう」。

数日後、国王の命令で、姫と艾木台克を送る嫁入りの長い行列が出発した。狐は「わたくしめがご案内しましょう」といって、先に立った。ラクダの大群のところにくると、放牧していた人が、「何をそんなに急いでいるのかい」「知らないの。後から大勢の盗賊どもが殺しにくる。早く逃げろ」「どうしよう」「彼らがやってきて誰のラクダかと聞かれたら、艾木台克王のものと答えよ。そうすれば殺されない」と教えて、狐は先を急いだ。嫁入り行列に付き添ってきた大臣は、「なんと羽振りの良い！」と賞賛した。狐が馬の大群のところに来ると、放牧していた人が、「何をそんなに急いでいるの」と聞くので、狐は同じように言い含めた。この馬の群も艾木台克王のものと知って、姫は心はずませた。羊の大群のところにくると、狐は、「早く逃げよ、盗賊が来る、殺される」と叫んだ。「隠れ場所なんてない」という放牧人に、「艾木台克王のものといえば殺されることはない」と狐。大臣は艾木台克の方を振り返って、「まるで羊の海のようでございます」と感嘆し

列陽（絵）

た。

狐は息せき切って魔王の宮殿にとびこんだ。「何か用か」と聞く魔王に、「艾木台克王が来る。魔王を殺すといっている。怖いぞ。大勢の兵を引き連れている。早く隠れよ」。魔王は大慌てで、「どうしよう。どこに隠れようか」「ペチカ（石やレンガ、粘土などで造った壁面からの放射熱で部屋を暖める暖炉兼オーブン）に隠れるしかない。粗朶で覆って隠してやろう」。狐が山のような木の枝を運び込んで火をつけると、魔王は悲鳴を残して焼死した。艾木台克王と姫はこの魔王の宮殿に住んで、幸せに暮らした。

（原題「一棵石榴樹的国王」新彊省文联搜集整理『民間文学』一九五五年七月号）

さて、中国の「長靴をはいた猫」は、以上の数話からも主に黒龍江省、内蒙古自治区から四川省、新疆維吾尔自治区にかけて、主に牧畜や狩猟を生業としていた人々が語っていることが推測できると思います。「彼らが移動してきたと想定されるルートにそって分布している」という説がありますが、もしかしたら彼らが移動して行ったと想定されるルートなのかもしれません。

ともあれウサギや狐が大草原をその広がりのままに疾走する語り口は牧畜、狩猟の民の特質を示しているように思われます。たとえば蒙古族には婚礼が整うと花嫁の父親と親戚がうち揃って花婿の家に赴くという婚姻習俗がありました。この民話はこのような習俗を背景にしたのかもしれません。

「長靴をはいた猫」を伝える黒龍江省、内蒙古自治区から甘粛省を経て西蔵自治区、雲南省、それに広西壮族自治区にかけての地域は、中原を中心とした農耕を営む地域を、まるでアーチを描くように囲んでいます。そこに出没する凶悪な多頭の妖魔には、民族の英雄が雄々しく対峙します。たとえばチベット系の人々は「ケサル王伝」を、蒙古系の人々は英雄「ゲセル王」を、彝《イ》族系の人々は英雄「支格阿龍《チコアロン》」を、というように英雄叙事詩も豊富で、英雄たちは多頭の妖魔と激しく戦ってこれを退治します。

もちろん古代の神話と地理の書『山海経』に描かれた〝九首蛇身の相柳〟や山東省の「沂南漢墓の画像石」に描かれていた〝九首の雄虺《ゆうき》〟（毒蛇）などを見ると、中原にも多頭の怪物（巨龍）がはびこっていたようですが、どういうわけか今日採集される伝承の中ではめだちません。それでわたくしは日本の出雲神話の八岐大蛇も、このアーチ地域の多頭の妖魔と何らかのつながりがあるかも知れないと考えています。

8　ウサギの仲人　傈僳族《リス》

もう一話、雲南省怒江傈僳族自治州の、傈僳族の「ウサギの仲人」を紹介しましょう。西蔵自治区に接する険しい山岳地域です。傈僳族は唐代ころは四川省の金沙江両岸あたりに住んでいましたが、戦争や土司などの圧迫から逃れて十六世紀ころに怒江流域へ移動してきたとされ、更にミャンマーやタイなどへも移住しています。トウモロコシやソバの他に水稲をつくる農耕の民で、急峻な山肌で焼畑も行っています。アニミズムを信仰していますが、近代になってキリスト教に入信する人々も増えてきました。

孤児の若者がアワをつくっている畑にウサギが来て、切株に上っておかしなしぐさをする。来る日も来る日も繰り返すので、若者は切株に鳥もちをつけておいた。ウサギはくっついて離れず、泣いて詫びて若者の弟分になった。

数年後、弟ウサギは、「皇帝の姫を嫁にもらってあげる」と言いだし、若者から馬七頭を借りると、小麦粉を背に乗せて宮殿に向かった。馬を泉のほとりに繋ぐと、若者に、「これから求婚に行きます。わたしが咳を一回したら小麦粉の袋を二つ泉にあけて、馬に飲ませてください。次にまた咳をしたら、もう一つ袋を入れて、馬に飲ませてくださいい」といった。

若者は言われた通りにした。皇帝は若者をみてなかなかみどころのある男と思い、姫を与えることに同意して、「十日のうちにお客に行こう」と決めた。

最後の日、弟ウサギは兄に「銅鑼を用意して」というので、兄は銅鑼と銅鑼を叩く人を見つけてきた。当日、皇帝は隊列をつくり、姫と輿に乗って宮殿を出た。弟ウサギはどんどん先を急いで、絵のように美しい風景のところに来た。そこには魔物の屋敷があって、二人の白髪ぼうぼうの老魔物がいた。弟ウサギは、「後から殺し屋が来る。わしらはこの屋敷に二年間住むから、三年たったら戻って来い」というと、魔物夫婦はあわてて杖をつきつき、裏門から出て行った。

弟ウサギは皇帝と花嫁を出迎えた。婚礼は三昼夜続く盛大なものだった。三年目、弟ウサギは去って行った。途中、魔物夫婦と鉢合わせし、「お前たちを殺そうとしている者が待ち受けている」と脅した。魔物は、「いつになったら帰れるのか」と聞くから、弟ウサギは、「石に葉がはえ花が咲くころ」と教えた。それ以

来、魔物は二度と現れなかった。

（原題「兎媒」范新光捜集整理『傈僳族民間故事』一九八四年 雲南人民出版社）

このように、農耕民のところでも「長靴をはいた猫」は語られていました。ただ最後の場面の「石に葉がはえ花が咲くころ」というモティーフは、これまでのお話と異質に感じることでしょう。これは「もしも石が植物のように葉を生やし花を咲かせたら」その時にはもはや殺し屋が来ることはない、という意味です。これは中国の雲南省に豊富に語られる悪龍退治の場面にしばしば語られます。洪水を起こしたり人を喰ったり悪さのし放題の悪龍は、観音様や金鶏によって捕らえられ、鉄牢に入れられ、鉄鎖に繋がれると、「いつここから出られるのか」と聞きます。すると観音様は「鉄の棒（杭）に赤い花が咲いたら」「馬の頭に角が生えたら」と告げるのです。もちろん悪龍が自由の身になる日は、永遠に来ません。

西南部、華南部でもいくつもの事例を挙げることができますが、たとえば葬儀で巫師が死者の霊魂が戻って来ないように「鉄樹に花が咲き、馬の頭に角が生えたら」戻っておいで、などと唱えますが、これは絶対に戻るなという厳しい呪詛なのです。

この「ウサギの仲人」でも、「石に葉が生え花が咲くころに帰れる」と教えられても、魔物夫婦が帰ってくることはありません。日本の「百合若大臣」の、天に放り上げられた小鬼どもが、「いつここから降りられるか」と泣くと、百合若が「枯木に花が咲いたら降りてきてもよい」と答える場面とも、響き合うことでしょう。

シンデレラ

I

小澤俊夫先生訳『完訳 グリム童話』の「灰かぶり」では、灰かぶりの名前について、

夜になってすっかりつかれていても、ベッドのなかにははいれず、かまどのわきの灰のなかに横になるほかありませんでした。そのためにいつも、ほこりまみれできたなかったので、むすめたちは、まま子のことを、灰かぶりと名づけました。

とあります。フランスの文学者シャルル・ペローはこのほこりまみれ、灰まみれの娘を「サンドリヨン」と名づけまし

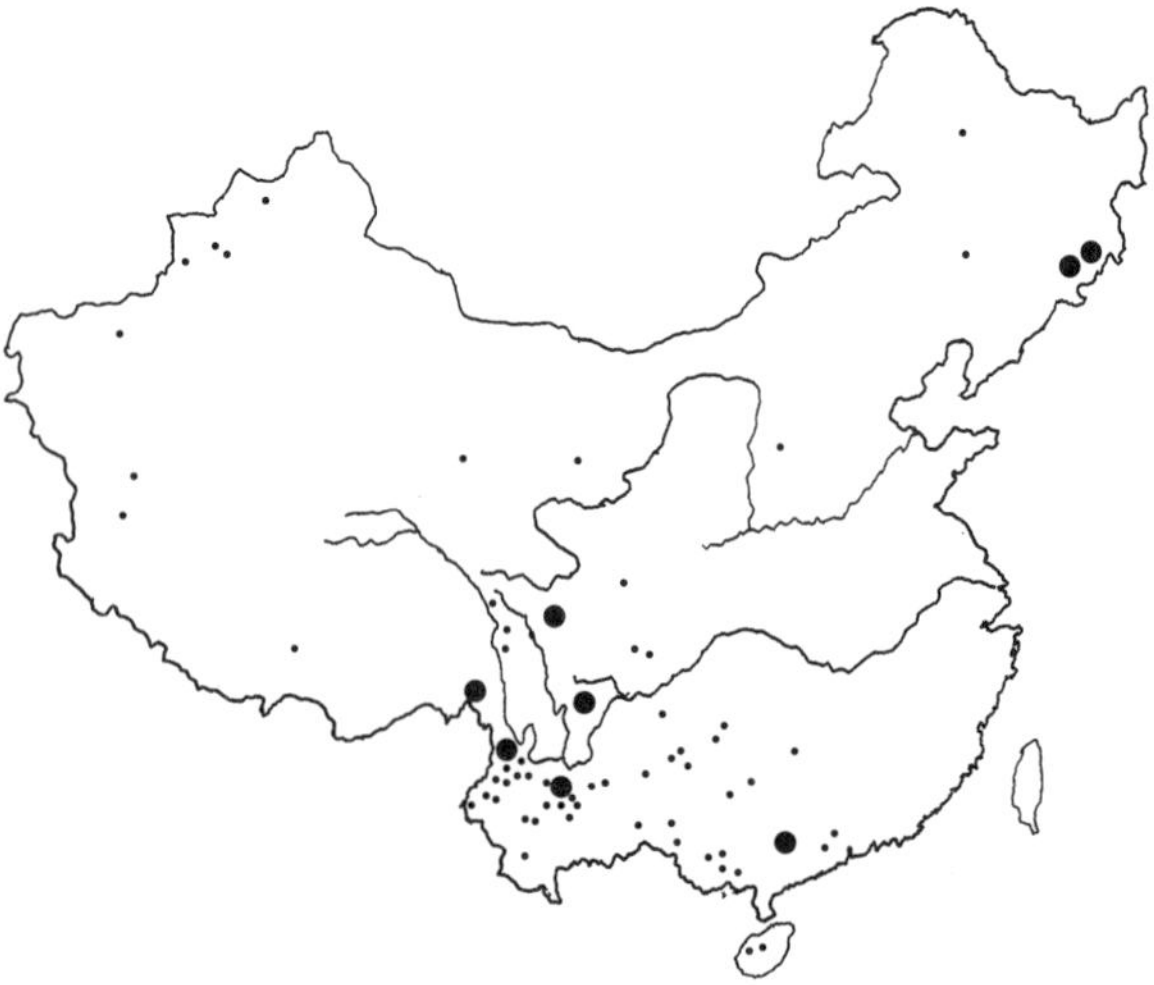

●大丸は紹介した「シンデレラ」の伝承地
•小丸は紹介できなかった「シンデレラ」の伝承地

た。いつも暖炉の端にいる女、もしくは誰もが敬遠する仕事をやらされている女という意味があるそうです。わたくしは小澤先生と同じで「灰かぶり」が好きなのですが、日本では英語名のシンデレラが一般により親しまれているので、ここでは「シンデレラ」を用いることにしました。ちなみに日本の昔話「糠福米福」（粟福米福）はシンデレラ譚に当たります。

ちなみに、グリム童話の「灰かぶり」は世界的に知られている物語で、マリアン・コックス（Marian. R. Cox）氏が一八九三年にロンドンで出版された世界各地の三四五種の類話を集めた『シンデレラ物語大成』（Threehundred and forty-five variants of Cinderella）によっても、その広い分布が了解されます。

ただそこに中国の「灰かぶり」はない、という報告を受けた南方熊楠氏（一八六七～一九四一年）は、「とにかく、自分せっかく久しく取っておきの物を、そのまま埋め去ることの惜しまれるば、ここにその文を載す。たとい、すでに学者間に知悉されしことなりとも、この物語を、欧州特有の物と思いおる人々の、耳目を広むるの少益ありなんか」と前置きして、「西暦九世紀の支那書に載せたるシンダレラ物語」（『南方熊楠全集』第二巻　平凡社、初版一九一一年）に世界最古と思われる唐代の文献を示されました。それは段成式（八〇三～八六三年）著の随筆集『酉陽雑俎《ゆうようざっそ》』続集巻一『支諾皐上』之三の「葉限《ようげん》」の物語です。

ここにそのあらましを紹介しましょう。

秦漢以前、ここ邕州に洞主の呉氏があって、呉洞と呼ばれていた。呉氏には二人の妻があり、一人は亡くなって、葉限《イエシエン》という娘が残された。幼少より賢く、善く金をさらった。父はこの娘を愛したが、父が亡くなると、娘は、険しい山に入って薪を刈り深い泉に降りて水を汲むというように、継母に酷使された。そんな折、二寸ばかりの赤い鰭金の目の魚を得て、ひそかに水桶に飼った。魚は日々育ち、幾つか容器を変えても入りきれなくなり、裏の池に放った。娘は食事の残りを与えた。娘が池に行くと、魚は出てきて岸に顔を寄せるが、ほかの人が行くと決して現れなかった。継母がこれを知って様子をうかがうも、魚は姿を見せることはなかった。そこで娘に新しい上着を与え、古い破れ上着を抱えて泉に向かった。継母はおもむろに娘の上着を着、袖に鋭利な刃を隠して魚を呼んだ。魚は顔を出し、継母はこれを殺した。魚はすでに一丈余りの大きさがあり、その味は他の魚の倍も美味だった。魚の骨は肥の下に隠した。日ならずして娘が池に行ってみると、魚の姿はない。娘が泣いていると、突然ざんばら髪に粗末な身なりの神人が天から降りて来て、「泣かないで。継母が魚を殺した。骨は肥の下にある。すぐに戻って骨を部屋に隠しなさい。必要なものはこれに祈れば叶うだろう」と慰めた。娘は教えられた通りにして、豪華な衣装や食事を得た。洞の祭りの日、継母は娘に庭の果樹の見張りをいいつけ、実娘を連れて出かけていった。娘はずっとたってから、翡翠色の薄い絹織物の上着に金の履をはいて出かけた。実の娘が葉限を認めて母に告げると、母は疑った。葉限ははっとして戻りかけた時、履の片方が脱げ、洞人が拾った。帰ってきた母は果樹を抱いて寝ている娘をみて、安心した。

その洞は海島に接し、島中には陀汗という強兵と数十の島を領する国があった。洞人はその履を陀汗王に売った。まるで羽毛のように軽い履を手に入れた国王は、国中の娘に履かせたが、一人として合う者はいない。そこで陀汗王は娘のいる家々を自ら遍歴し、ついに履がぴったり合う葉限という娘を探し出した。葉限はそこで翡翠色の薄絹の上着に履をはいて進み出ると、その姿はまるで天女のよう。事の次第を申し上げると、陀汗王は魚の骨と葉限を載せて国に連れ帰り、葉限を第一の妃とした。継母とその娘は、飛石に撃たれて死んだ。洞人これを哀れみ、石坑に埋めてやり、その塚を懊女塚と名づけた。

著者の段成式はこの物語を使用人の李士元から聞いた。士元は元邕州の渓洞の人で、南中の多くの故事を記憶していた。

という物語です。

邕州は今の広西壮族自治区の区都南寧市を中心に武鳴、邕寧、上思、崇左、大新などの県を含む地域で、唐王朝のころ帰属するようになりました。当時の集落は羈縻《きび》政策（唐朝が周辺少数民族を間接統治した政策）によって大きいものを「州」、小さいものを「県」、更に小さいものを「洞」といいました。ここの洞長が呉姓であったから「呉洞」と呼ばれたのです。今でも少数民族の中には居住区を習慣的に洞とか垌とか呼んでいる所があります。

壮《チワン》族の著名な神話学者の藍鴻恩氏は「呉洞」は南寧市の西隣りの扶綏県である、と考証されました。

やはり壮族の著名な民俗神話学者の農学冠先生は、この邕州の洞中を桂南（広西壮族自治区の南部）からベトナム北部一帯であると指摘しておられます。そして葉限の「葉」は女子の接頭語としてよく使われるとのことです。

唐代にこのあたりに居住していたのは、今もこの地に住む壮《チワン》族であることが分かっています。壮族は古来からこの地を離れていないし、どこからも遷徙していない、土着の民です。古くは百越と呼ばれ、南宋のころから僮とか獞とか呼ばれ、明末以後に僮族と呼ばれるようになり、現在では壮族と表記されるようになりました。

さて、「葉限」の物語は、主人公が継母にこき使われ、祭りには連れていってもらえず、それどころか困難な仕事をいいつけられ、主人公を援助する魚が登場し、祭りに行って履の片方を落とし、それを拾った国王が家々をしらみつぶしに回って履の持主を探し出し、娘は王妃になる、継母たちは「飛石に撃たれて死ぬ」という「シンデレラ」でした。宋代の周去非撰の『嶺外代答』に、「当時の静江人（今の桂林一帯）にはまだ耕作に牛を使うことはなかった」とあります。もし牛が耕牛として普遍的に使われていたとしたならば、シンデレラの援助者は魚ではなく牛になっていたかも知れません。

わたくしはこの魚の骨を隠す行為にも、後述するように注意しています。

さらに葉限は「金をさらう」のが上手だったようです（原文「善淘金」）。流れる河底を中腰になったままさらうのは、大変な労働です。かつて左江流域には金鉱が多く、越人は金をさらったという記述を多く目にします。このあたり、丹砂（朱砂）も豊富な地域で、丹砂という水銀鉱があれば、黄金を服用して永遠の生命を得んとした多くの道士の面々が黄金や水銀を求めてこの地に入った歴史があります。道教はこの地から発祥した、などという説がとなえられたほどです。いずれにしても「善淘金」という三文字を段成式氏が書き留めくれたことに、わたくしは感謝しています。そのために「葉限」の故郷が女子も「金をさらう」ような土地柄であったことが分かるからです。

この『酉陽雑俎』は八六〇年ころに成立しました。ヨーロッパのシンデレラがほぼ十六世紀の記録と推定すれば、九世紀のこの記録はそれより七〇〇年もさかのぼることになります。そして中国ではこの「葉限」によって少なくとも唐代には南中の方（南中は現在の雲南省・貴州省一帯を指し、ミャンマーの北部まで含むこともありました）まで親しく語られていたことが知れるのです。それ以来ずっと今日まで、シンデレラの物語は中国の広い大地で豊かに語り継がれてきました。この「葉限」を伝えた壮族だけをみても、これまで「達稼《タチア》と達侖《タルン》」や「達架《タチア》の物語」「達加《タチア》」「達稼《タチア》と達倪《タニー》」「無慈悲な継母」などのシンデレラが採集されています。

ところが、「葉限」のように「陀汗王の王妃に迎えられ、継母とその娘は飛石に撃たれて死んだ」という場面では終わらず、これまでよりも更に波乱に富んだ長い物語が続くものがあります。後半の物語が語られるのです。そこで前半で終わるものを〔第一型〕、〔第一型〕に後半が続くものを〔第二型〕としてみましょう。

Ⅱ

まずグリム童話の「灰かぶり」や『酉陽雑俎』の「葉限」のような〔第一型〕を見てみると、中国の「シンデレラ」も、

1、シンデレラの生母が亡くなり、継母が迎えられて義妹が生まれる（もしくは継母は娘を連れてくる）
2、シンデレラは継母にこき使われ、牛（生母の化身など）の援助を受ける
3、シンデレラは継母の課す難題を果して祭り（婚礼、芝居など）に行く
4、シンデレラは王子（貴族、長者の息子など）に見初められる、もしくは王子の提示物（靴など）に合致して婚約する
5、シンデレラは王子と結婚する（継母、義妹は罰せられる）

と語っていました。

ここで3の、「祭りに行く」を説明しましょう。年に一回（数回）の祭りには周囲五十キロ圏（あるいはそれ以上遠く）の村々から人々が徒歩で、途中何泊かしながら集まります。婚礼には花婿か花嫁の村やその親戚筋の村々から人々は贈物を持って（豚や鶏、天秤棒で穀物を担いでなど）、ぞくぞくやってきます。主だった村には古くからの舞台があって、芝居がかかるという情報が流れると、やはり人々が集まってきます。田植えから収穫までの農繁期には村の門を閉め、外との出入りをいっさいできなくして、農作業にいそしみ、収穫が終わって村の門が開け放たれると、はじめて外との行き来ができるようになります。お祭りも婚礼も葬儀も芝居も、みな収穫を待たなければなりません。多くの村には、このような

祭り、行事には〝歩ける者は一人残らず参加しなければならない〟という掟があります。もちろん人々にとっては待ちに待ったお祭りで、既婚者は久しぶりの再会を喜び合い、若者たちは終生の伴侶を探す貴重な機会となります。わたくしも村の祭りに入れていただくことがありますが、どこにそんなに大勢の人がいたのかと思うほど、わらわらと湧くように集まってきて、驚くばかりです。わたくしたちが「お祭り、婚礼、芝居」に行く感覚とは、全く違う風景です。毎日働きづめに働いているシンデレラも、どれほど祭りに行ってみたいと願ったことでしょう。

この〔第一型〕はわたくしの「シンデレラ」のカードに中国の東北地域から最西部の新疆維吾尓自治区までの広い地域で十一民族十三話が集まっています（〔第二型〕は二十民族五十話）。本来なら全部ご紹介したいのですが、とても長くなるので十三話の中から四話ほど選んで紹介しましょう。四川省大涼山の彝《イ》族の「賢い阿嫵《アウ》」、雲南省西北部の蔵族の「奴隷の娘」と麗江地区の普米《プミ》族の「黒母牛の故事」、それに朝鮮族の「孔姫《コンチ》と葩姫《パチ》」です。

1　賢い阿嫵《アウ》　彝《イ》族

四川省の南部、涼山彝族自治州（大涼山）の彝族が伝えています。平均海抜二〇〇〇メートル、最低でも八〇〇メートルという高原性気候の土地柄で、ソバを主食としています。解放前まで、基本的には奴隷制社会で、世襲の貴族階級は統治の特権を持っていました。

昔、阿嫵《アウ》という女の子がいた。父は娘がまだ物心つかないうちに母親を見捨て、後添えを迎えた。後添えが家の門をくぐった日、母は父の巫術で母牛に変えられ、牛小屋につながれた。後添えは阿嫵と同い年の阿呷《アシア》という娘を連れていた。その日から、阿嫵にとって家庭の温かみは失われた。阿呷は甘やかされるのに、阿嫵は囲炉裏の火の番や遠い河への水汲み、食事の支度、家畜の世話、牛の放牧、それに放牧しながら山のような苧麻《ちょま》の糸撚りまでさせられた。

暗くなって阿嫵は母牛と家に戻ると、苧麻を撚って糸玉にした苧環《おだまき》を継母に渡した。村人たちは阿嫵が一人前の働き者だと褒めそやしが、継母は怪しんだ。

ある日、継母は猫なで声で、「阿嫵や、いい子だね。みんなに褒められて、わたしも鼻が高いよ。阿呷がお前の小指ほども賢こかったら良いのにね。毎日どうやってこんなにたくさんの麻糸を撚れるのかい」と聞いた。阿嫵は、「放牧地に行ったら苧麻を二等分にして片方をわたしが撚り、もう片方は母牛が食べて、午後になるとたくさん糸玉を吐きだしてくれるの」と正直に答えた。「それなら明日はお前は畑でジャガイモを掘りなさい。放牧は阿呷に行かせよう」。

阿嫵はまだ畑仕事をするには幼いが、あらがう余地はなかった。

翌日、継母は阿呷にたくさんの苧麻を与え、糸に撚る方法を教えて放牧に行かせた。母牛を追って山に向かう阿呷を村の入り口まで送っていって、出会う人ごとに、「この子は阿嫵よりしっかりした糸を撚れるんですよ」と褒めるのだった。

阿呷は放牧地に着くと苧麻を積み上げ、母牛に、「母牛、母牛、さっさと食べて」。母牛が苧麻を全部食べるのを見届けると、阿呷は小鳥の巣に卵をさぐったり、木の実を捜したり、あちこち遊び回った。午後になって母牛のところに戻ると、母牛を、「母牛、母牛、早く吐き出せ、吐き出せ」と鞭打った。母牛が口を開け、阿呷が糸玉を受けようとすると、ぷーっと水を吐きだした。阿呷は泣きながら家に帰り、継母は夫に、「とんでもない牛だ、うちの子を馬鹿にして。あの牛を殺してください」といいつけた。

阿嫵の父は真に受けて母牛を殺し、肉を鍋に入れた。

食事の時、継母はわざと柔らかい肉を、「お食べ」と阿嫵に勧めた。阿嫵は傍らに坐って涙を流し、衣装箱の下に置かれた牛の頭やその青く光る目を見て悲しみにくれた。

阿嫵はすくすく成長して年頃になり、父は一年一年老いていって、亡くなってしまった。阿嫵が幼いころ、父は約木《ヤンムー》家の立力惹《リリロ》と婚約させた。父が亡くなると、約木立力惹がお弔いにやってきた。風習にしたがって二人は言葉を交わさなかったが、互いに深く心に刻んだ。阿嫵は自分で縫った麻の服とプリーツスカートに一重の白いストールを羽織り、刺繍したスカーフに小さな赤い玉をつなげた耳飾りをつけただけの質素ななりだったが、立力惹の目には着飾ったどの娘たちよりも美しく映った。それに彼女のおだやかな口振り、垢抜けた立ち居振る舞い、手際の良い応対に加えて働き者という評判が、立力惹にはなにより晴れがましく、一日も早く阿嫵を嫁に迎えたいと望んだ。

阿嫵の方も誰からも褒められ慕われ、馬競べをさせても臼を搗かせても一番の約木立力惹は好ましく、まして父母を亡くした阿嫵にとっては立力惹は誰よりも頼りがいのある男性だった。けれどもこのりりしい若者を、阿呷が好きになってしまい、継母も娘の気持ちに感づいた。

その年、約木立力惹の家でも法事があり、阿嫵の家に招待がきた。祖霊を送る法事はたいへん盛大な式典で、立力惹の嫁になる者が参列しないわけにはいかない。そこで阿嫵はあれこれ用意をおこたらなかった。継母もただちに遠近の親戚友人に知らせて、準備を調えた。

その日、親戚友人が村の広場に到着し、阿嫵も一緒に行こうとした時、継母は二つの木桶を取り出して阿嫵と阿呷を呼び、「約木家は名声のある家柄。その家の嫁になる娘は働き者でなければならない。これから二人は同時に水桶を背負い、戻って来られたら一緒にでかけよう。戻れなかった方は留守番だ」といって、それぞれ渡した。

阿呷は水桶を受け取ると泉へかけだした。阿嫵も水桶を受け取って担い紐を見ると、何箇所か今にも切れそうになっている。阿嫵は歩きながら紐を繋ぎ直した。泉に着いた時には阿呷はすでに半分ほど汲んでいたから、阿嫵も急いで水を汲んだ。だがいくら汲んでも水は漏れていく。桶の底を見てみると竹で編んであり、表面を泥で薄く塗ってあるだけだった。阿嫵はかっとなったが、心を落ち着けて桶の底に泥をしっかり貼り付けた。こうしてようやく水を満たし、いそいで戻った時には、継母は阿呷を連れて馬で駆け去っていた。阿嫵は怒りと悲しみでわっと泣き伏した。

ようやく顔を上げた阿嫵は村の東に向かい、一軒の家の前で、「木呷《ムシア》さん、木呷さん、お願いがあります」と声をかけた。木呷は足の悪い若者だったが、村の歩ける者はみんな継母と行ってしまっているから、頼りにできるのは彼ひとり。出てきた木呷は阿嫵のただならぬ様子に、「阿嫵さん、まだ行かないのか」と聞いた。阿嫵は水汲みの事情を説明すると木呷も憤慨したが、「助けてやりたいが、馬はみなあんたのところの後妻さんが借りていってしまって、一頭もいない」と途方に暮れた。阿嫵は、「阿西《アシ》オジさんのところに目の悪いラバがいたでしょう」。すると木呷は、「そうだった。忘れていた。行こう。馬を牽いてあげるよ」といってからがっかりしたように、「だめだ。足が悪いから馬は牽けない」。すると阿嫵は、「木呷さんは馬に乗って、わたしが馬を牽く」「それはだめだ。婚約者の家に初めて行くのに馬に乗らないなんて、馬鹿にされる」「近くまで行ったらわたしが馬に乗り、木呷さんが馬を牽けばよい」「そうだね。早く服を着替えてきなさい。わたしは馬を借りてくる」。とはいえ阿西オジさんの馬はただのそこひだった。

阿嫵と木呷はずんずん行って、約木の家に近づいた。この時ちょうど馬競べが終って、見物していた継母と阿呷は一休みしようとしたところ。突然阿呷が、「かあさん、見てよ、阿嫵が来たわ」と叫んだ。継母は阿嫵を認めると、「おやまあ。めくらとびっこ、それにお馬鹿さんかい、変わった取り合わせだね」とあざ笑った。けれども阿嫵の美しさは、そこにいたすべての人々の目を奪った。娘たちの誰よりも阿嫵は美しかった。習慣では一番美しい娘に名前を聞くことになっている。そこで一人が馬のおもがいをとって、「美しい娘さん、お名前を教えてください、どこにお住まいですか」と聞いた。阿嫵がもじもじしているので、木呷が代わって答えた。人々は口々に賞賛した。続いて高い声が響いた。「もう一つお尋ねするが、どちらの嫁さんかな」。木呷も声高に応じた、「約木立力惹さんの嫁さんだ」。あたりにはたちまち賛美の声が波打った。

立力惹が誇らしげに駆け寄ってきた。継母もそばに寄って、「立力惹さん、間違わないで。この子はそれはのろまな娘。こっちの阿呷は賢くて、立力惹にふさわしい」といった。約木立力惹は、「それでは、こうしよう。賢い方がわたしの嫁になる」。継母は、「今朝、二人に水汲みをさせたら、阿嫵は戻って来られなかった。とても嫁にはなれない」。立力惹は、「まさか。それならみなさんの前でもう一度やっていただこう」。継母は立力惹が本気なので、あわてた、「それなら、阿呷からにしよう。もしもちゃんとやれたら、阿嫵がすることはない」。立力惹も承知した。

約木立力惹は宝剣を抜くと地面に刃を上に向けて置き、「はだしになって宝剣の上を歩いてください。切り傷のなかった者がわたしの嫁だ」。

継母は思いがけない約木立力惹のやり方に怖じ気づいたが、万事休すだった。阿呷は早くもわなわな震え、自分は歩けないと認めた。けれども継母は、「立力惹、阿呷ができないなら、阿嫵にはなおさら無理。別の方法で試しては」といった。約木立力惹が阿嫵を見ると、阿嫵は軽くうなづいた。継母は、「ほらね。あの子はなんてお馬鹿さん。剣の刃で足が切れることすら分からない。足が切れたら、やっとどれほどのお馬鹿さんか分かるだろう」。約木立力惹はだまっていた。
この時、阿嫵ははだしになって剣のそばに来た。プリーツスカートをそっとおろし、スカートの襞で足の甲を隠したばかりか地に引きずるようにして、それから静かに歩を運びだした。スカートの裾はつま先にからみついている。こうして阿嫵は一歩一歩剣の刃の上を歩いて、傷一つなかった。
その場は人々の嵐のようなお祝いの声に包まれた。醜態を演じた継母は声もなかった。

（原題「聡明的阿嫵」白芝整理『涼山彝族民間故事選』一九九〇年　四川民族出版社）

この「賢い阿嫵」は、以上のように、

1、阿嫵の母は父によって母牛に変えられ、継母が阿呷という娘を連れて迎えられる
2、阿嫵は継母にこき使われ、母の化身した牛の援助を受ける
3、阿嫵は継母の課す難題を果たして法事（祭り）に行く

4、阿嫵は婚約者の約木家の立力惹の提案した剣の刃を渡る難仕事を、智恵と勇気で果たして、阿呷の横車を退ける

5、阿嫵は村人たちに祝福されて結婚する

という〔第一型〕のシンデレラです。

物語では、父が巫術を使って母を母牛に変えてしまいました。父親は彝族の巫師（シャーマン）と思われます。巫師はその集落では知識人としても高い地位にあるので、約木家もそれに釣り合う良い家柄に違いなく、立力惹も好青年でした。約木家の法事は、どの村でもそうであるように、秋の収穫が終わってから村をあげての祭りになります。近隣の村々からも人々が集まってきて、馬競べで祭りはクライマックスです。

牛には細長いものを呑みこんでしまう習性があるそうです。上顎に前歯がないために、草を舌で巻き取るようにして呑み込むのです。きっと苧麻を上手に呑み込み、四つある胃袋で充分に反芻されたなら、柔らかくこなれて出てくるとは、牛を日常良く監察している先人の、自然な発想なのでしょう。

また、彝族の女性はズボンの上に長いたっぷりしたプリーツスカートをはいています。このようなスカートを足首に巻き付けるようにすれば、宝剣の刃を渡ることもできるのでしょう。智恵と勇気さえあれば。

彝族は火葬ですが、大涼山の彝族には、火葬をすませると、巫師が死者の家の脇で石を熱し、神枝（死者の霊魂の依代）を地に刺し、石に水をかけて水蒸気が立ち昇っている間に、死者を焚いた人に道具（薪を伐る刀や穴を掘る鋤など）の上を渡らせる、という習俗がありました。これには穢れを落とす意味があるそうです。阿嫵が宝剣の刃を渡るのは、名門の約木家の花嫁にふさわしい清らかで聖なる人格であることを公に示す意味があると思われます。

四川省大涼山に隣接する貴州省の六盤水地区の彝族の間に語られている「薩慈若兄《サツルオション》と液都阿美《イエドゥアメイ》」という「シンデレラ」の伝承にも、彝王・薩慈摩《サツマ》の定めとして「妃選びの催しに来る娘はすべて刀の山を越えること」という場面がありました。

2　奴隷の娘　蔵《チベット》族

雲南省の西北部の平均海抜三〇〇〇メートルの高地に居住する蔵族の間に流布しています。牧畜と農業をいとなむ民族で、民主改革（一九五九年ころ）の前までは封建的な農奴制度が残り、農奴主階級が土地や家畜、農具などの生産手段のほとんどを占有していました。

庸西《ヨンシー》の家は祖先代々大旦那の家の奴隷だった。母は庸西の幼いころからまるで牛馬のように働きづめに働いてきた。母のほんの少しの慰めは、美しく賢い娘の庸西を授かったことだった。

庸西が誕生した日、女主人にも巴珍《パチエン》という女の子が生まれた。ふたりはとてもよく似ていた。女主人は奴隷の子が自分の子と瓜二つなのは、がまんがならなかった。庸西を殺してしまおうと思ったが、庸西が成長すれば我が家の奴隷が増えるのだと思い直して、この恐ろしい思いつきを胸の奥にしまった。

かわいそうな庸西は誕生すると間もなく、父親が世を去った。六歳になると、主人は羊の放牧をいいつけた。一〇〇頭あまりの羊を、風雨の日も凍えそうな寒い日も山へ連れて行き、暗くなってようやく戻ってくるのだった。庸西はどんなにつらくても、やさしい母に抱かれれば、悲しいことや辛いことを忘れることができた。けれども庸西のこのささやかな幸せは、残忍な主人にあっさり奪われた。

ある日、母が牛の乳絞りをしていると、牛乳のいっぱい入った桶を牛が蹴り倒してしまった。折悪く、外に出てきた女主人が見とがめて、桶を取り上げ、母の頭を打ちすえた。母は昏倒し、気づくと庸西が泣いていた。母はゆっくり半身を起こして娘を抱きしめると、「庸西や、お母さんはだめかも知れない。でもきっと牛に生まれ変わって、お前を一人ぼっちにさせない……」と言うと、母は目を閉じた。

翌朝、牛小屋で母牛が子牛を産んだ。それはかわいい子牛で、庸西が入っていくと、かけよって来て庸西を見上げて鳴いた。庸西は子牛を抱きしめ、それからは昼はいっしょに羊を放牧し、夜はいっしょに寝て、片時も離れなかった。だんだん日がたって、子牛は母牛になった。庸西は主人に打たれたり悔しい思いをするたびに、母牛の首を抱いて泣いて訴えた。まるで母に甘えるように。母牛も娘のいうことが分かるのか、そっと娘の髪を嘗めて、涙を流すのだった。

主人は庸西に毎日羊を放牧させ、その上、「明日から羊の毛を紡げ、一日十玉分の毛糸にせよ。できなければ、帰ってきても、飯が食えると思うな」といった。

庸西は暗い顔で牛小屋に行って母牛の首を抱きながら、泣いて訴えた。すると母牛は突然口をきいて、「庸西、泣かないで。明日になればきっと誰かが助けてくれますよ」と慰め、その方法を教えた。

翌日、庸西は主人に渡された麦餅一個と山のような羊毛を持って、羊を山に追った。それから母牛に教えられた通りに羊毛を野薔薇の枝にかけて歌った。

「きれいな野バラ、わたしの悲しみ、分かるでしょう

こわいご主人は一日に毛糸を十玉紡げといいつける

もしも手伝ってくれるなら、羊の毛を早く梳いてくださいな」

野バラは微風にのって、さわさわと羊毛を梳きはじめ、たちまち山のような羊毛をすっきり梳いた。庸西はこんどは梳いた羊毛を松の木の枝にかけて歌いかけた。

「高い松の木、わたしの苦しみ、分かるでしょう
こわいご主人は一日で毛糸を十玉紡げといいつける
もしも手伝ってくれるなら、羊毛を早く毛糸に紡いでくださいな」

すると松の枝は微風に揺れて、梳いた羊毛を細い毛糸に撚りはじめ、たちまち一本一本枝から下げた。庸西が毛糸を巻き取ると、丸い毛糸の玉が十個できた。

暗くなって毛糸玉を主人に渡すと、主人は不満顔で、「たったこれしか紡げないのか。服にするには、いったいどれくらい要ると思うのか。明日はこの毛糸で毛布を織れ、できなかったら飯を食えると思うな」

庸西は主人の言いつけを母牛に話した。母牛はこんども慰めて、よい方法を教えた。

夜が明けると、庸西は毛糸を持って山に羊を追った。母牛に言われた通り、毛糸を楊柳の枝にかけて、歌った。

「青い青い楊柳、わたしの悲しみ、わかるでしょう
こわいご主人はわたしに十玉の毛糸を毛布に織れといいつける

何能（絵）

もしも助けてくれるなら、毛糸を早く毛布に織ってくださいな」

楊柳は枝をさわさわとゆすって毛糸を引きはじめ、ほどなく長い毛布が枝から下がった。庸西は毛布を巻いて、羊を追って帰ると、主人に毛布を渡した。主人は、何をいいつけても仕上げてしまう子だとふしんに思い、庸西を問いつめた。庸西はありのままを話した。

翌日女主人は娘の巴珍に山のような羊毛を持たせて、羊の放牧に行かせた。巴珍は遅くなって戻ってきたが、毛糸どころか羊毛一本持ち帰らなかった。娘は羊毛を野バラにかけると、こう歌ったのだった。

「ノイバラ、ノイバラ、おまえは山に生えていて友だちがいない

わたしが友だちになってあげよう

わたしの言うことをきかないと、おまえの枝をちょんぎるよ」

その歌声が終わらぬうちに大風が吹いて、羊毛は天に吹き上げられた。

主人は巴珍が羊毛をなくしてしまったと怒ったが、これはきっと庸西がうそをついたせいだと庸西を激しく打ちすえ、食事を与えなかった。

庸西はまた牛小屋に行くと、母牛は、「庸西、泣かないで。お腹がすいたら乳を搾って飲みなさい。かぐわしいバター茶とおいしいヨーグルトになりますよ」

乳を搾ってみると、乳は本当にバター茶とヨーグルトに変じた。庸西はお腹いっぱい食べ

て、母牛の傍らで眠った。その日から、毎日バター茶とヨーグルトを食べていると、だんだんと色が白くぽっちゃりしてきた。ある日、庸西の懐からバター茶をいれる椀が落ちたのを主人に気づかれ、問い詰められた。庸西は正直に話すしかなかった。

主人はこんども巴珍を羊の放牧に行かせ、その上庸西のように麦餅を一個与えた。一日放牧して腹ぺこになった巴珍は、牛の乳を搾ってバター茶とヨーグルトを食べようと思った。ところが乳は一滴も搾れないどころか、牛に蹴られて、泣きながら帰ってきた。主人は怒り、牛を殺すことにした。

その晩、母牛は涙を流して、「庸西や、わたしは明日ご主人に殺されます。わたしの皮は壁の隙間に隠し、角は屋上に隠し、蹄は地下に埋め、腸は木の枝に掛けること。困ったことがあったらそれらを取り出せば、きっと必要な物に変じますよ」といった。

母牛は殺された。庸西は泣きながら母牛の皮や角、蹄、腸を言われた通りに隠した。それから主人はいよいよ残忍になり、庸西は苦しみながら十六歳になった。

この年、国の王子が最も美しい娘を妃に選ぶことになり、〝国中の娘はみな応じよ〟という御触れが回った。その日、女主人は巴珍を美しく着飾らせ、庸西には大籠一杯のカブラの種を床に撒いて、「お前はこの種を拾っておくように。もしも一粒でも少なかったら命はないと思え」と命じて、娘と出かけていった。

「奴隷的女児」盧徳輝（絵）『雲南各族民間故事選』1962年　人民文学出版社

庸西は床に坐って、こんなにたくさんのカブラの種を拾うなんて、とてもできないと泣いた。すると小鳥の群が飛んできて、一粒一粒拾っては籠に入れた。間もなく一面の種はきれいに拾い終えた。庸西はこれで王子様を見に行けると胸が躍ったが、すぐにこんなぼろ服では王宮に行けやしないと悲しくなった。

その時ふと母牛の言葉を思いだし、隠していた母牛の皮や角、蹄、腸を取り出してみた。なんということか。牛皮は金糸で刺繍した輝くばかりの美しい衣装に、牛角は真っ赤な頭飾りに、牛蹄は刺繍靴に、腸は五色の花帯に変じていた。庸西はいそいで着替えて、王宮に向かった。そして王宮に一歩入ると、庸西の美しさに妃候補の娘たちはうっとり見とれた。巴珍と女主人もこの美しい娘を、ぽかんと見つめるばかりだった。

妃選びが始まった。娘たちは王宮の広い庭に一列になって坐った。庸西は巴珍と女主人の脇に坐った。国王は、「王子はこれから天へ矢を射る。その矢が懐に落ちた者が王子の妃に選ばれる」と宣言した。王子が進み出て娘たちを見渡し、一番下手に坐っている庸西を認めて喜んだ。王子は弓矢を取り、庸西の坐っている方向へ矢をひょうーっと放った。矢は天を飛び空中を大きく回ってゆっくり落ちていった。人々が矢の行方をみつめていると、すっと庸西の懐に落ちた。女主人は庸西の懐に手を伸ばし、矢をさっと巴珍の懐に入れ換えた。周りの人々が庸西の懐に落ちたと騒いだが、女主人は知らぬふりをしていた。国王は取りなすように重ねて宣言した。「ここに神靴がある。ここにおられるすべての娘さんたちのうち、足にぴったり合った者を王子の妃にする」。娘たちは我先きにと試してみたが、誰の足にも合わなかった。巴珍の番になったが、合うわけもない。最後に庸西の番になった。不思議なことに、靴は大きくもなく小さくもなく、ぴったりだった。人々は喝采し、庸西を護るようにして王宮に入れた。

それから庸西は王宮で王子と幸せな日々を送った。

（原題「奴隷的女児」澤汪仁増整理『雲南民族民間故事選』一九六〇年　雲南人民出版社）

この「奴隷の娘」は継母と継娘の関係ではなく、奴隷主と奴隷の娘という主従の関係になりますが、その後は2、「庸西は主人夫婦にこき使われ、生母が化身した母牛の援助を受ける」、3、「庸西は女主人の課す難題を果たして王子の妃選びの祭典に行く」、4、「庸西は王子の目にとまり、国王の提示した神靴に合致する」、5、「庸西は王子の妃になる」のように語られていて、これもまた〔第一型〕のシンデレラということができるでしょう。

娘は奥方に羊を放牧しながら羊毛を糸に撚れ、撚った糸を紡げ、紡いだ糸を織れ、という面倒で難しい仕事をいいつけられます。このあたりの娘たちは日常的に紡錘車を手放さず、歩きながらも羊毛（麻糸）を紡いでいます。

さて、庸西が王子のお妃選びの祭典にあたって言いつけられた「床にぶちまけた大籠いっぱいのカブラの種を一粒残らず拾え」という難題を、〔種ひろい〕と表すことにしましょう。これについては後述します。

母牛は、「わたしが殺されたら、わたしの皮を壁の隙間に角を屋上に隠し、蹄は地下に埋め腸は木の枝に掛けること」といい、娘は言われた通りの場所に隠します。その皮も角も蹄も腸も、王子の妃選びの祭典の日に、目もあやな衣装や頭飾り、刺繍履、花帯に変じた、という場面にも、注意したいと思います。これも後述します。

そして国王は突然、「神靴に足がぴったり合った娘が王子の妃だ」と言い出します。〝ぴったり合う〟ことはお妃になる大事な要件でした。

それにしても、庸西が野バラや松の木、楊柳に歌いかける場面は、きっときれいな韻律をともなって歌われたことでしょう。

3　黒母牛の故事　普米《プミ》族

雲南省からはもう一話、「奴隷の娘」の蔵族が居住する東隣りの、海抜二〇〇〇メートル以上の高原山岳地帯に居住する普米族の「黒母牛の故事」を紹介しましょう。普米族は主に農業にたずさわる民族ですが、ルク湖という美しい湖では漁業も営んでいます。

むかし、ある男に二人の妻がいた。最

初の優しい妻には昏祖代《ホエンズーダイ》（上の娘の意）という聡明でかわいい娘があり、二番目の食いしん坊で怠け者の妻には昏格則《ホエンコゾ》（下の娘の意）という不美人の娘がいた。成長すると昏祖代は賢く何でも良くできたから、二番目の妻は自分の娘はとうてい太刀打ちできないと悟って、何とかして彼らを亡き者にしよう、と思うようになった。

ある日、まだ夜も明けきらぬうちに父親が仕事に出かけて行った。二番目の妻はこれ幸いと早い朝食をとると、娘たちを家畜の放牧に行かせ、最初の妻を畑に誘った。二人は麻をせっせと刈り、正午になった。妖術使いの二番目の妻は麻の実をつまんで渡し、それを食べた最初の妻は一頭の黒母牛に変じた。

その晩、二番目の妻は黒母牛を追って戻ると牛小屋に入れ、娘たちが戻ってくると、「今日、昏祖代のお母さんは麻畑で麻の実を食べたら、おかしなことに黒い母牛に変わってしまったよ」と話してきかせた。娘たちは本気にしなかった。「それなら牛小屋に行ってみるといい」といわれて行ってみると、そこには一頭の黒母牛が繋がれていた。昏祖代が「麻の実を食べて牛になってしまったの」と聞くと、母牛は涙をためてこっくりと三度うなづいた。そばにいた昏格則はつまらなそうに行ってしまった。昏祖代は悲しくて母牛を抱いて泣いた。

その日から、継母は昏祖代に前よりもたくさんの仕事を言いつけ、なにかにつけて叱ったり叩いたりするのに、自分の娘は甘やかしほうだいだった。

ある日、継母は納屋から麻皮を山のように抱えてくると、「さあ、今日から牛を放牧している間に糸に撚るんだよ。し終わらないと、今晩お前の骨をへし折ってやる」

昏祖代は涙をためて生皮の束を担ぎ、牛の群を追って山へ向かった。山に着くと、麻皮を剥いで糸に撚っていった。糸にしているうちに太陽が西に傾いたのに、茶碗ほどの苧環が一個できただけ。母牛を抱いて泣くと、カササギが近くの松の木に飛んできて、「昏祖代、昏祖代、大丈夫、泣かないで。お母さんが糸撚りを手伝ってくれますよ」と歌った。すると母牛が娘を首で押しのけ、麻の皮を呑みこみ、しばらくして尾をあげて真っ白な麻糸を山のようにひり出した。娘は母牛を抱いて、また泣いた。

湯平（絵）

その晩、家に戻って麻糸を渡すと、継母はお前にできるわけはない、誰にやってもらったのかと問い詰めた。昏祖代は正直に言うほかはなかった。継母は半信半疑で、翌日は自分の娘に麻皮を担がせ牛を山に追わせた。昏格則は悲しそうな顔をつくって牛の首を抱いて泣いた。牛は生皮を呑み、しばらくして尾をあげて屎尿を出したから、娘は糞まみれになった。娘は激しくののしって牛追い棒で牛をたたいた。母牛は傷だらけになった。

継母は怒り、明日母牛を殺すことに決めた。

その夜、昏祖代は牛小屋に忍んでいって牛を抱いて泣いた。突然母牛は涙をためて、「娘や、明日の朝、わたしは殺されます。お前はわたしの体の骨は衣装箱に隠し、四肢の骨は馬小屋の飼葉桶の下に隠しなさい」と言った。昏祖代はますます悲しくなって泣いた。

翌朝、継母は屠殺人を呼んで母牛を殺させ、二つの大鍋で肉を煮て、村人にふるまった。昏祖代は涙をためて牛の骨を拾い、母に言われた場所に隠して埋めた。

ある日、都で王子の妃を選ぶ祭典が開かれるといううわさが流れた。村人は路銀を用意し、着飾った娘たちを連れてでかけて行った。継母も真新しい服とアクセサリーを整えると、娘の昏格則を花のように着飾らせた。それから倉から大きな籠を持ち出して小麦とソバを庭にぶちまけると、「お前は小麦とソバに分けておくんだよ。六日後に帰ってくるまでにできていなければ、ご飯は食べさせないからね」というと、母娘は浮きうきと出かけて行った。

昏祖代は穀物を拾い始めたものの、二日かかってもほんの少ししか拾えない。こんな山のような穀物、いつになったら終わるのかと泣きそうになった。この時またカササギが飛んできて、「昏祖代、昏祖代、泣かないで、大丈夫。さあさあ、竹籠を二つ用意しなさい。小鳥たちが手伝ってくれるから」と叫んだ。昏祖代がカササギを見上げた時、すでに小鳥の群が飛んできていた。そしてあっという間に小麦とソバは二つの竹籠に選り分けられた。

　都へは村から三日ほどかかる。昏祖代も行ってみたかったが、いっしょに行ってくれる人はいないし、衣装の一枚もなく、それにもう二日がたってしまったと思うと涙がこぼれた。そこへカササギがまた飛んできて、「昏祖代、昏祖代、衣装箱を開けなさい。衣装もアクセサリーもそろっている。馬小屋も見なさい、栗毛の馬が待っている」と叫んだ。いそいで行って衣装箱を開けると、輝くばかりのアクセサリーと真新しい氆氌《プル》（ヤクの毛で織ったチベットの毛織物）の衣装が入っていた。馬小屋に走ると、三本の手綱をつけ、金鞍銀鐙をつけた栗毛の駿馬が、飼葉桶の草を食んでいた。娘は馬を庭に牽きだしてまたがろうとすると、カササギが飛んできて、「昏祖代、昏祖代、第一の手綱を引くと、馬は地面を飛ぶように走る。第二の手綱を引くと、中空を飛ぶ。第三の手綱を引くと、雲の上を飛ぶ」と教えた。娘が第三の手綱を引くと、馬は空に飛び上がって、一瞬で都の上空に来た。昏祖代は手綱を引き締め、第二の手綱を引くと、馬は旋回しながら下りていき、第一の手綱を引くと地上に降りてそのまま都に入っていった。

宮殿の広場は人々でごったがえしていた。国王は家来にまばゆい金の履を出させて、集まったすべての娘たちに試させたが、いずれも大きかったり小さかったり、誰の足にも合わなかった。王子にふさわしい娘はみつからないのかと国王がいらだった時、花のような娘が栗毛の駿馬に乗って広場に現れた。国王はただちに広場の中央に呼び、金の履を履かせてみた。するとなんということ！　昏祖代の足にぴったり合った。こうして昏祖代は王子の妃に決まった。

この時、選ばれた娘が昏祖代であるとわかった継母は、昏格則を連れて国王の前にしゃしゃり出て、「国王様、わたしの娘の昏祖代が妃に選ばれましてうれしい限りです。この母からもお喜こびを申しあげます」と言った。国王は継母を王宮に請じ入れた。

翌朝早く、昏祖代が髪を整えていると、カササギが大きなヒョウタンをくわえてきて窓辺に落とし、「昏祖代、昏祖代、継母はもう王宮に来ている。早くヒョウタンを持って行って、馬に乗せて家に帰しなさい」と叫んだ。

昏祖代はすぐに継母を呼びに行かせ、ヒョウタンを渡して、栗毛の馬に乗せた。継母が馬に乗って少し走ると、背中のヒョウタンから音が聞こえた。何が入っているのかと思ってヒョウタンの栓を抜くと、飛び出してきたハチの大群が継母を刺した。驚いた駿馬は右足は鐙にかけたままの継母を引きずって、すばらしい速さで家にかけ戻っていった。

その日の朝、外地にでかけていた父が戻ってきた。ところが家はもぬけの殻。心配していると、突然栗毛の馬が人骨をひきずって馬小屋に駆け込んで来た。行ってみると、栗毛の馬はもんどり打って、昏祖代の母に変じた。昏祖代の母はぽかんとしている夫に人骨を指さして、継母の最期を語った。父はようやく我に返り、夫婦は抱き合って涙した。人骨を家の排水溝に捨てると、そのとたん、刺いっぱいのイラクサのやぶに変じた。後に昏祖代は両親を都に呼び寄せ、幸せな生涯を送った。

〔原題「黒母牛的故事」季志超米整理『山茶』一九八七年第三期〕

普米族のこの「黒母牛の故事」も、1、「昏祖代の母は牛にされ、継母にも娘があり」、2、「昏祖代は継母にこき使われ、母の化身の母牛などの援助を受け」、3、「継母の難題を果たして王妃を選ぶ式典にでかけ」、4、「国王の提示した履に足がぴったり合い」、5、「王妃となる」がそろい、〔第一型〕の「シンデレラ」であると認められましょう。

放牧した母牛は麻皮を糸に撚って麻糸をひります。上顎に歯のない牛の生態、長いものを呑み込む習性など、牛に寄り添った祖先のするどくやさしい監察力が、このような場面を生みました。牛は賢くて人なつこく、人の心が分かるのです。

ここでも昏祖代は継母から小麦とソバの種の選別を命じられます。これを〔種の選り分

け」と表すことにしましょう。この作業は小鳥の群が手伝います（後述）

そして国王が唐突に金の履を取り出して、娘たちに試させる場面もありました。もちろん昏祖代の足にぴったりでした。婚姻には〝ぴったり〟も大事です。

母は「麻の実を食べて牛になった」のですが、麻の実には実は大豆に匹敵する高い栄養価があります。搾れば食用油になるように。でも結局は母牛は殺され、昏祖代は骨は衣装箱に、四肢の骨は馬小屋の飼葉桶の下に隠します。衣装箱からはみごとな衣装が、馬小屋には栗毛の駿馬が現れる点については、ここでも注意したいと思います。この駿馬も実は母の化身で、昏祖代の母は最後まで娘を護りぬいたのです。

継母が馬に引きずられたまま家についた時には骨になっていた、その骨を排水溝に捨てるとイラクサになった、というのは昔話の結末として当然のむくいと思えます。

4　孔姫《コンチ》と葩姫《パチ》　朝鮮族

この「孔姫と葩姫」の語り手の金徳順哈児媽妮《ハルモニ》は一九〇〇年朝鮮慶尚道生まれ。幼いころより母や父方母方の祖母、父方のオバ、それに隣近所の哈児媽妮からたくさんの物語を聞いて育ち、中国の東北部、吉林省へ渡ったという方です。なおハルモニは祖母、おばあさんの意ですが、年配の女性を尊敬を込めて呼ぶ時にも使われます。

昔、孔姫という美しくてやさしく、働き者の娘がいた。母が亡くなり、父は後添えを迎えた。連れ子の葩姫という娘は、顔中にあばたがあって醜いばかりか心根が悪く、怠け者だった。けれども腹黒い継母は葩姫をかわいがっておいしい物もきれいな服もみな葩姫に与え、骨の折れる仕事は姉娘の孔姫一人にやらせた。

ある時、二人の娘に田起こしをいいつけ、孔姫には使い勝手も切れあじも悪い鉄鍬を与えて石ころの多い田を、葩姫には良く切れる鉄鍬を与えて良い田を振り分けた。孔姫はしばらく土を掘り返しているうちに手には血がにじんだのに、まだ一畝（中国の一畝は約六・七アール。日本の一畝は約一アール）も終わっていなかった。孔姫は母を思って涙した。すると天から雲が漂ってきて、乗っていた母牛が孔姫のところに降りてくると、田を掘り起こし始めた。

するど田はたちまちきれいになった。孔姫はすっかりうれしくなり、母牛にお礼をと思う間もなく、母牛は雲に乗って天へ昇っていった。継母は戻ってきた孔姫に、「ずいぶん早いではないか」と怒った。孔姫が、「ちゃんとやった」というので行ってみると、田はきれいにならされている。継母は首をかしげた。

ある時、「婚礼に皆様でご参列ください」という便りがあった。すると夜が明けきらぬうちに継母は孔姫を起こして食事の支度をさせ、葩姫と朝食を食べると、おめかしして出かけて行った。孔姫には大甕いっぱいの水汲みと、大鉢三杯分の苧麻の湯かけ（繊維をとりやすくするために麻を煮ること）、三升のヒエの脱穀という三つの仕事をいいつけた。

孔姫は食器を片付けるとすぐに水汲みにかかった。水桶で何杯も何杯も入れたのに、水甕には少しも水が入っていかない。桶の底をみると穴が開いていた。これではいつまでたっても一杯になるわけがない。孔姫は敷居に坐って泣いた。すると一匹のヒキガエルが厨房にピョンピョン跳んできて、桶の底にしゃがみこんで穴を塞いだ。孔姫は水をどんどん汲んで、たちまち水甕を一杯にした。

孔姫は休まずに苧麻の湯かけにとりかかった。けれども湿った焚きつけは燃えにくくてくすぶるだけ。こんなにたくさんの苧麻をいつになったら煮あげられるのかと思うと、孔姫は悲しくなって泣き出した。この時天に雲が漂い、あの田を耕してくれた母牛が現れた。牛は苧麻を食べ始め、ウンウンと腹に呑みこむと、お尻からツルッツルッと出した。牛の腹を通った苧麻は煮上がって、湯気をたてている。孔姫がお礼を言う間もなく、母牛は雲に乗って影もなかった。

孔姫はすぐにヒエの脱穀にとりかかり、木臼にあけてトントンと搗いた。ヒエはまるでノミのように跳ねた。いいかげん搗いたのに、搗けたのはほんの一握り。三升ものヒエをいったいいつになったら搗き終わるのやら。孔姫は悲しくなって泣き出した。そこへ天を覆うような小鳥の群がチチチチッと飛来して、たちまち一粒一粒殻を割ると、チチチチッと飛び去った。みると孔姫が搗いたものよりもきれいだった。

これで婚礼に行けると喜こんだが、身につけているのはボロの服につま先の出た履。孔姫の目から涙が溢れた。突然目の前が明るくなって天に虹がかかった。天女が虹の橋をつたって降りてきて、孔姫にほほえみかけ、美しい衣裳ときれいな履をくれた。孔姫が深く頭をさげて顔を上げると、虹も天女も消えていた。その衣裳も履も孔姫にぴったりだった。もともと美しい孔姫は、まるで春風に舞う蝶のようだった。孔姫はうきうきと婚礼にでかけた。

途中で戻ってくる継母と葩姫に出会った。二人は天女が下凡したのかと思ったが、孔姫だと気づくと、継母は孔姫の衣裳をつかんで、「誰からもらったのか」、葩姫も、「その履はどうしたのか」と聞いた。孔姫は包み隠さず答えたのに、継母も葩姫も孔姫が誰かのを盗んだと怒り、その場で衣裳をはぎ取った。それでも足りずに湖まで引きずっていき、片方の履もはぎ取って、ドボンと水中につき落として小走りに去っていった。

折よく国王の役人たちが通りかかって孔姫を救いあげた。履は片方しかはいていなかった。役人たちはその片方の美しい履を国王に差し上げた。若い国王は美しい刺繡履を見て、両方そろっていたらさぞ美しいだろうと思った。すると役人たちは口々に、「履の持主の方がずっと美しい」というので、ただちにその娘を連れてくるようにと命じた。

ところが役人たちは娘の名を知らず、どこの村に住んでいるのかも分からなかったから、一軒一軒尋ね歩くしかなかった。

その日、孔姫の家に来た役人は片方の履をかざして、「この家の娘さんのものか」と聞いた。出迎えた継母は、「はい、そうでございます」と答え、あわてて衣装箱からもう片方を取り出して役人に渡した。けれども役人はこの家の美醜二人の娘を見比べて、「どっちの娘さんのか」と重ねて聞く。孔姫が、「わたし……」と答えようとすると、継母はあわててひきとって、「この葩姫のでございます」といって、葩姫を役人の前へ押しやった。

役人は履の持ち主は美人と聞いているのに、この娘はあばたではないかと思い、「お前さんのなら、履いてみせよ」といった。葩姫が履に足をつっこむと、つま先は入ってもかかとは出ている。役人は怒り、さっと刀を抜きはらって継母に、「こいつ、役人をだます気か。

さあ、この履は誰のものか」と迫った。継母はびっくり仰天、震えながら孔姫を指さした。孔姫が履を受け取ってはいてみると、ぴったりだった。孔姫は役人の目の前で、天女からもらった衣裳も取り戻して身に着けると、まるで天女のような美しさ。そのまま役人の花輿《こし》に乗せられた。

花輿に乗って去って行く孔姫を見送った継母は嫉妬と怒りに燃え、お前が大足でなければ王妃になって、わたしもあやかれたものをと葩姫をつかんで打ちすえた。

（原題「孔姫和葩姫」金徳順著『金徳順故事集』一九九三年　上海文芸出版社）

この朝鮮族の「孔姫と葩姫」も、1～5のモティーフを語っていて、〔第一型〕の「シンデレラ」といえます。継母と義妹が孔姫の衣裳と履をはぎとったうえ、孔姫を湖に突き落とす場面については、後述したいと思います。

また孔姫の「履」ですが、中国のシンデレラのくつの多くは布製です。布を何枚も重ねて麻糸で一針一針刺し子縫いにした履底に、花や蝶、龍などの美しい刺繍を施したもので、軽くて通気性がよく、履くほどに足になじみます。娘たちは幼い頃から母親に刺繍を習い、紋様の意味（神話や厄除けなど）を学び、祭りには自分で刺繍した美しい履をはいてでかけます。嫁に行く際には娘は夫方の家族全員の刺繍履を作って嫁入り道具に加える、という習慣のある地方もあります。

さて、この〔第一型〕はまだ各地で語られていますが、ここに紹介した四つの事例だけでも、中国の「シンデレラ」が、グリム童話の「シンデレラ」と同型のお話で、古くから広く語られていることが知れましょう。

Ⅲ

グリム童話の「シンデレラ」はシンデレラと「王子さまとの結婚式がおこなわれ」、ふたりの義姉は「わるいことをしたことと、にせの花よめになったことで」ハトに両目をつつかれとられて「目が不自由で暮らさなければなりませんでした」という場面で終わります。これまで紹介した中国の四話の「シンデレラ」も、シンデレラは王子さまとめでたく結婚して幸せになるのに対して、継母たちは当然の報いを受けるという結末でした。

ところが中国の「シンデレラ」には、このめでたしめでたしの場面では終わらないのが、二十民族の五十話もあります。これを〔第二型〕とすると、〔第一型〕の十三話に対して、〔第二型〕は四倍近くあります。もちろんわたくしの「シンデレラ」のカードの記録によっただけですが。それでもこの〔第二型〕の分布の広さから、中国の「シンデレラ」は〔第二型〕が基本形であると言って良いのかも知れないと思っています。

繰り返しになりますが、〔第一型〕は、

1、シンデレラの生母が亡くなり、継母が迎えられて義妹が生まれる（もしくは継母は娘を連れる）

2、シンデレラは継母にこき使われ、牛（生母の化身）の援助を受ける。それを知った継母は母牛を殺す。灰かぶりは牛の骨を隠す

3、シンデレラは継母の課す難題を果たして祭りに行く

4、王子に見初められ、王子の提示する物に合い、もしくは試験を果たして婚約する

5、シンデレラは王子と結婚する（継母、義妹は罰せられる）

という物語でした。

そして〔第二型〕は、〔第一型〕の1～5に続いて、

6、シンデレラは子を連れて里帰りする、もしくは義妹（継母、義姉など）が訪問する

7、義妹はシンデレラを井（河、淵など）に突き落とし、灰かぶりになりすます

8、シンデレラは小鳥によみがえり、小鳥はまた義妹に殺されるも木（竹など）によみがえる。以下抹殺とよみがえりが繰りかえされる

9、シンデレラは最終的に元の姿によみがえり、妻の座を取り戻す（火もらい婆《ばあ》の庇護を語る類話もあり）

10、義妹は罰せられる

という物語です。〔第二型〕は1～10を語る長ーい物語、ということになります。

ところで〔第二型〕の6～10は、もしも王子を蛇婿に、シンデレラを三女、七女などに代えれば、「蛇婿入」とそっくり共有する物語です。

中国の「蛇婿入」は、おおざっぱに言うと、

イ、父が山畑の仕事（伐木、開墾など）がきつくて、代わってやってくれた者に娘を嫁にやるのにとつぶやく。蛇が来てたちまち仕事を片付ける、という援助型

ロ、出かける父に娘は花をみやげにとおねだりする。父は蛇の花園の花を手折る。蛇が現れて、この花を髪に飾る娘を嫁に与えろと迫る、という花盗み型

ハ、蛇が父（母）に娘をくれぬと喰ってしまうぞと脅す、という強要型

という三つの発端があって、いずれも姉妹のうちの心やさしい娘（末娘が多い）が蛇の嫁となって蛇についていくと、そこには幸せで豊かで子宝にも恵まれた夢のような暮らしが待っていた、と語られます。

そのうえ娘が幸せになってめでたしめでたしでは終わらずに、「シンデレラ」の6～10

までの後話が語られているのです。

そこでかつて中国で、〔第一型〕の「灰かぶり」に「蛇婿入」を続けたという見解が提出されたことがありました。発端部の言及はなしで。賛同する研究者も多かったようです。

グリム童話の「シンデレラ」にも、遠くの市にでかける父親が、「おみやげにはなにがほしいか」ときくと、義姉妹は、「美しい着物をちょうだい」「真珠と宝石をちょうだい」とおねだりしますが、シンデレラは、「帰り道で、お父さんのぼうしにはじめてぶつかった若枝をとってきてください」と答える場面が、ありました。グリム童話の「シンデレラ」にも「蛇婿入」のおもかげが認められるような気がしました。

けれどもわたくしのカードだけでも五十を数える「シンデレラ」の語り手が、〔第一型〕を話し終えてからおもむろに「蛇婿入」を語り継いだ、というわけはあるまいと思うので、わたくしはこの見解には与せず、あくまで1〜10までを継ぎ目なしに語り通したところで一篇の「シンデレラ」の物語、とみなしたいのです。

〔第二型〕の7、には「義妹はシンデレラを井（河、淵など）に突き落とし、シンデレラになりすます」という場面が語られます。もしも朝鮮族の「孔姫と葩姫」に見られる「継母と葩姫が孔姫の衣装と片方の履をはぎ取り、湖に引きずっていって、ドボンと水中につき落とす」場面に注意すれば、他の〔第一型〕にはみられないこの場面が、突然変異で語られたのではなく、どこか〔第二型〕への橋渡しにも感じるのです。

それよりも、「シンデレラ」の後半部と「蛇婿入」の後半部の著しい共有は、互いの中に語り込められた祖先の知恵・思想が同質のものであるため、という点が重要ではないでしょうか。それはまた〔第一型〕に祖先が語り込めたそれとも同質であるはずです。「蛇婿入」の方が分布の広さ、類話の多さとモティーフの均一性とから、より古い成立であろうと推測できるにしても。

5　孔姫《コンチ》と葩姫《パチ》　朝鮮族

〔第一型〕の朝鮮族の「孔姫と葩姫」と同じ題名で、〔第二型〕のものがあるので、それをまずみていただきましょう。やはり朝鮮族の李仲馥という方が語られ、裴永鎭氏が捜集整理された「孔姫と葩姫」です。

話が前後してしまいましたが、裴永鎭氏は中国の神話学者の劉守華氏の仲立ちで金徳順ハルモニを知って、一九八一年五月九日から一九日の間自宅に招き、金ハルモニはそこで一五〇話を語り通されました。〔第一型〕4で紹介した「孔姫と葩姫」はそのうちの一篇で、後に『金徳順故事集』にまとめられました、と過偉先生は『草根文学快楽写作—過偉民間文学新論集』で述べておられます（大衆文芸出版社　二〇〇九年）。なお、『金徳順故事集』はすでに翻訳本が刊行されています（依田千百子訳　三弥井書店　二〇〇〇年）。

むかし、長白山の天池の下に住む農夫に孔姫という美しく働き者の娘がいた。ところが妻が亡くなったので、後添えを迎え、葩姫が生まれた。顔中あばたで、心根が悪い娘だった。孔姫が十歳の時に父が亡くなると、継母は孔姫に辛く当たった。けれども孝行な孔姫は水汲み、薪刈り、炊事、洗濯、なんでも一人でこなした。それでも継母にとっては目障りだった。

ある日、継母は二人の娘を呼ぶと、葩姫には使い勝っての良い鍬を与えて良い田を、孔姫には使い勝っての悪い木の鍬を与えて、遠い石こ

其浩（絵）

ろだらけの田を起こせといいつけた。孔姫はなかなかはかどらずに泣いていると、急に雲が湧き、黒い牛が降りてきた。孔姫が泣いている訳を話すと、黒牛は、「瀑布の下流で足を、中流で手を、上流で顔を洗って戻れば良い事がある」という。孔姫が言われた通りにして田に戻ると、田はすっかり平らにならされていた。その上キラキラ光る鍬があり、田の端には栗の木がはえていて、丸まるした大きな実をいっぱいつけていた。孔姫は天へ向かってお辞儀をして、おいしい栗を食べ、継母と義妹のためにスカートにいっぱい摘んで持ち帰った。

ところが継母は葩姫と奥でおいしい物を食べているらしく、なかなか開けてくれない。「栗をとってきました」というと、隙間からのぞいて金の鍬と栗を認め、継母は履をつっかけたまま出てきてひったくった。そして鍬も栗も盗んだのだろうというと、訳も聞かずに孔姫を打ちすえた。

ある日、継母は、「今日はこの水甕に水をいっぱいにするんだよ。終るまで食べさせないからね」という。孔姫がいくら水を汲んできても甕はいっぱいにならない。底には穴があいていた。孔姫が泣いていると、どこからか大きな金色のヒキガエルが現れて、甕底の穴を塞いだ。

旧暦八月の仲秋節が巡ってきて、娘たちは着飾って祭りにでかけた。継母は葩姫を着飾らせ、孔姫には大きな籠三つ分の絹糸と籾を出して、「この糸を織り、籾を搗くこと。やり終えたら祭りに来なさい」と言って出かけて行った。孔姫はまず湿った籾を中庭に広げて乾し、機織りに取りかかった。疲れて目がかすんできたのに、籠の糸は少しも減らない。思わずため息をつくと、晴れた空に虹がかかり、虹を伝って天女が降りてきた。鈴をころがすような声で、「孔姫は善良な娘、これまでの苦しみを見ていましたよ。お手伝いしましょう」といって織機に坐ると、たちまち真っ白な絹布を織り上げた。それから天に合図すると、スズメの群が飛んできて、中庭いっぱいの籾は、たちまち殻が剥かれていった。孔姫は夢を見ているようだった。我に返ってお礼を言う間もなく、天女は衣裳と刺繍履を孔姫の懐に入れて、「早く行ってらっしゃい」というと、スズメの群と天へ昇っていった。

孔姫はうれしくなり、着飾って山を越え、川を渡った。小川を渡る時、刺繍履の片方が落ちた。後から来た新任の長官が見つけて家来に拾わせると、見たこともない美しい刺繍履。長官はためつすがめつしていたが、家来に持主を捜せと命じた。家来は刺繍履をもって川づたいに上流の一軒一軒を訪ねた。最後に孔姫の家にやってきた。家来は美醜二人の娘に、「これはどちらの娘さんのかね」と聞いた。孔姫がお礼を言おうとすると、継母が遮るように迎え出て、「うちの葩姫のです」といった。

けれども葩姫は大足、刺繍履が破れそうになっても入らなかった。継母は気をもんだが、どうしようもなく、孔姫に渡した。履は孔姫が足を入れるとぴったりだった。長官は孔姫を嫁に迎えると決めた。

孔姫は新任の長官の妻になった。もちろん長官は有能で風采が上がり、立派な人柄だった。継母は長官の花輿《こし》に迎えられる孔姫を、腸が煮えくりかえる思いで見送った。

ここまでが〔第一型〕と〔第二型〕の1〜5

以下〔第二型〕の6〜10が続く

ある日長官が視察に出た留守の間に、継母と葩姫が役所に孔姫を訪ねてきた。二人は蓮の花を見に行こうと誘い出し、継母は池のほとりで蓮花をうっとり眺めている孔姫を突き落とした。葩姫は孔姫になりすまして長官を迎えた。

長官は妻がどこかちぐはぐなので、その夜、「ずいぶん色黒になりましたね」と聞いた。「毎日門前でお帰りをお待ちしていたから、日に焼けてしまいました」「そのあばたはどうしましたか」「ここ数日ずっとお帰りを待っている時、うっかり大豆の山に転んでしまいました」。長官は日々もんもんと過ごしていた。

ある晩、長官は月光に誘われて蓮池のほとりに来た。すると水面に真っ白な蓮花がぽっかり開いて、あたりに香気が満ちた。長官はうっとりとし、この花を手折って持ち帰り、部屋の花瓶に挿した。蓮花は昼夜夫によりそうように咲いていたのに、葩姫が通ると、花弁から見えない手を伸ばして髪の毛を抜いた。かっとした葩姫は蓮花を厨房の竈に投げ入れた。

蓮花は焼かれてしまったが、孔姫は夜明珠（夜光の珠）に変じて竈の焚き口から転がり出て、キラキラ輝いた。夜明珠は飯炊きの女中が拾って、櫃にしまった。

ある晩、女中が針仕事をしていると、櫃から、「お姉さん、櫃を開けてくださいな」という声。恐るおそる開けてみると、孔姫が現れた。これまでの話をして、「助けてくださいな」というではないか。女中は孔姫のこれまでの悲しい境遇と、自分に良くしてくれたことを思って、ただちにもちろんですともと応えた。

翌日、女中は孔姫の望み通りに酒席を用意して、長官を招いた。長官に酒をつぐと、長官はほろ酔い機嫌。料理を食べようとして箸を手にとると、長短不揃い、その上白と黒。機嫌をそこねて投げ捨てようとした時、屏風の向こうから、「長官、箸のちぐはぐがお分かりになるのに、夫婦の不釣り合いには気づかれないのですか」という声。

孔姫の声ではないかと気づいた長官は、宝剣を抜いて激しい剣幕で、「孔姫ならそこに直れ、鬼《き》（目に見えず人に害を与えると恐れられる幽鬼）なら立ち去れ」と叫んだ。

すると孔姫が屏風の向こうから現れて、長官の前に甦りの妙薬を置き、涙ながらに、「わたくしは孔姫の霊です。あの蓮池を浚っていただければ、わたくしの死のわけがお分かりになるでしょう……」というと、姿を消した。

長官はただちに家来に蓮池を浚わせると、果たして孔姫が横たわっていた。甦りの妙薬を与えると、しばらくして孔姫の顔に血の気がさし、目を開けてゆっくり坐り、涙ながらに継母の仕打ち、葩姫のすり替えを訴えた。長官はただちに継母と葩姫を捕らえさせ、永遠に牛馬となって罪をあがなうという極刑に処した。苦しみぬいた孔姫は、それからは長官と幸せに暮らした。

（原題「孔姫和葩姫」『民間文学』一九八一年第七期）

この「孔姫と葩姫」は当時八十四歳だった李仲馥氏が語ったものです。この物語は東北三省（黒龍江省、吉林省、遼寧省）の朝鮮族が集中する地域で広く語られているとのこと。なお長白山（別名白頭山）は中国の吉林省と朝鮮民主主義人民共和国の国境地帯にそびえる長白山脈の主峰で、海抜二七四四メートル。天池は頂上に広がる湖で、二五〇〇メートルを越える十六の峰々に囲まれ、松花江や鴨緑江、豆満江の水源。神話に彩られている美しい湖です。もっとも年間七～八か月は雪と氷に閉ざされているそうです。

6　達稼《タチア》と達侖《タルン》　壮《チワン》族

「葉限」を伝えた壮族の「シンデレラ」です。広西壮族自治区の南部の壮族地区で、壮族の高名な神話学者の過偉先生（壮族）が採集整理されました。なお「達《タ》」は女性の呼称、「稼《チア》」は孤児の意、「侖《ルン》」は妹の意です。

達稼が二つの時に母が亡くなり、三つの時に父は後添えをもらった。継母は初めのうちこそ達稼をかわいがっていた。けれども「舞台の皇帝は長続きしない」というように、継母に達侖という娘が誕生すると、達稼は目の上のコブになり、一日じゅう打たれたりどなられたりだった。達侖も要領の良い子で、母の尻馬に乗って達稼を馬鹿にするのだった。

それからしばらくして父も亡くなった。達稼にとってはますます辛い毎日が始まった。食べ物も着る物も達稼には回らず、宵越しの豆飯すら口に入らなかった。

ある時、西の村で婚礼があるというので、継母は達侖のために衣装を揃え、それはきれいに着飾らせた。達稼は、「わたしも行きたい」とねだったが、継母はゴマ五斗と大豆六斗を持ち出し、達稼の目の前でごちゃごちゃに混ぜて、「お前はこのゴマと大豆を選り分けるんだよ、できたら連れて行こう」というと、向こうへ行ってしまった。

達稼はびっくりした。分別は一日どころか十日あっても無理だった。達稼は婚礼に行かれないと思うと悲しくなって、声をあげて泣き出した。

亡くなった母が達稼の泣き声を聞きつけた。一羽のカラスとなって屋根に飛んできて、

「稼や、稼や
泣かないで、気をしっかり持って
大豆とゴマの選り分けなど簡単よ
篩でふるい、箕であおればすむ話」
と唱った。達稼ははじけるように篩と箕を取ってくると、五斗のゴマと六斗の大豆はたちまち選り分けられた。
達稼は継母のところに駆けていって、「選り分けたから連れて行って」。継母はこわい顔をして、「やることはたくさんある」というなり、こんどは二つの水桶を持ち出して、「裏庭の三つの甕をいっぱいにしてからですよ」という。
達稼はすぐさま筒袖をたくし上げ、勇んで川に降りていった。ところが継母は桶の底をついて穴だらけにしておいたから、家に担いで戻る途中で、水はすっかり漏れてしまっていた。正午に近いのに、水甕は空っぽ。達稼は焦って泣き出した。
達稼の泣き声を聞きつけて、カラスがまた木の上に飛んできて唱った。
「稼や、稼や
泣かないで、気をしっかり持って
甕三つに水を入れることなど簡単よ

桶の底に青草と泥をつめればすむ話」

達稼ははじけるように青草で桶の穴をつめ、泥で糊付けした。水は一滴もこぼれなくなった。こうして三つの甕をいっぱいにすると、達稼はうれしそうに継母のところに駆けて行って、「甕をいっぱいにしたわ。連れて行って」といった。継母はまたこわい顔をして、「行けるものか。何を着て行くつもりだい。達侖をご覧、赤い上着に青いズボン、刺繍履に白い靴下、みんな真新しいんだよ。お前はあちこちつぎはぎだらけ。それでもお客に行くつもりかい」。達稼は継母を見送って、また声をあげて泣いた。

その泣き声で、達稼の母がカラスとなって屋根に飛んできて唱った。

「稼や、稼や

泣かないで、気をしっかり持って

衣装も履も履下も

みんな枇杷の木の下よ」

達稼は木の下にとんで行って掘ってみると、小さな包みが現れた。中にはきれいな上着に赤い緞子の縁取りのあるズボン、刺繍履、それに金の腕輪に金の耳輪があった。達稼は大喜びで身につけて、継母に、「おかあさん、服があったから連れて行って」。継母はさすがに何も言えずに承知した。

婚礼の席は楽しかった。達稼は道々跳びはねていた。橋をわたる時、うっかり石につまずいて、刺繍履の片方を川に落としてしまった。

それからしばらくすると、立派な馬に乗った一人の若い秀才（役人になるための科挙試験に合格して上級の学校に入学した書生）が通りかかった。橋のたもとで、馬は足を停めた。秀才が鞭をくれても、馬は顔をあげていななくばかり。不思議に思って馬を下りてみると、橋の下に真っ赤な刺繍履がひっかかっている。これを落とした娘と何かの縁を感じて、秀才は履を拾い上げた。

秀才が美しい刺繍履を拾ったことは、たちまち村じゅうに広まった。その履をはける娘を嫁にするそうだ、といううわさも流れた。継母はこれを耳にするが早いか、すぐさま橋に急ぎ、「秀才先生、その履はわたしの娘の達命のものでございます」といった。秀才は「それではその娘をここに」。継母が、「急がないと、帰ってしまいます」と言っている間に、遠くに橋の方へ歩いてくる達稼と達命の姿が見えた。その達命を指さして、「そら、あれです、秀才先生、あのきれいな上衣に青いズボンの娘です」といいながら、迎えて達命の手をとり、「命や、履を履いてみなさい。秀才先生がお前の履を拾ってくださったのだよ」。

達稼は秀才が持っている履が自分のだと認めて歩み寄り、「先生、お返しください。それはわたくしのです」。継母は、「お馬鹿さん、これは達命の履だよ」というなり、達稼をぎゅっとつねった。

秀才はこのありさまに困り果て、「さあさあ、そんなに言い争っていないで。こうしよう。わたしが刺のある木を橋の真ん中に置く。歩いて行って刺に裾を引き破られた者がこの履の持ち主だ」というと、刺のある木を伐って橋の中央に置いた。

先に達命が歩きだし、刺の一つ一つに衣の裾を当てていったが、どうやっても裾は刺をするする滑っていった。こんどは達稼が木に近寄ると、一陣の風が吹いてきて、裾は刺にしっかりとひっかかった。秀才は達稼に履を返した。

数日後、一輛の赤い花輿《こし》が達稼の家の門前に停まった。達稼は秀才夫人となった。

ここまでが〔第一型〕と〔第二型〕の1～5
以下〔第二型〕の6～10が続く

それからの達稼は秀才と相思相愛で、心穏やかな日々を送っていた。ほどなく色白の男の子が誕生した。

ある年、達稼は子を連れて、親戚まわりをかねて里帰りした。きれいな花輿が門前に着くと、継母は、「まあまあ、お帰りなさい」と慇懃に出迎え、あたふたと立ち働いてごちそうを並べた。達命はふくれっ面で裏庭に駆け込んでわめいた。継母は気づいて駆け寄って小声で、「お前、わたしを誰だと思っているのかい」と何事かを耳打ちした。達命はうれしそうに出てくると、達稼と一緒に食卓についた。

食事がすむと達命は、「稼よ、何年ぶりかしら。井戸の水が前よりきれいになった。顔が映るわよ」と誘った。達稼は、「行きましょう」と応じて、裏庭の井戸に行った。達命は達稼のふいをついて、どんと井戸に突き落とした。

達命は家に戻ると達稼の衣裳を着て子どもに、「さあ、お母さんと帰りましょう」といったが、子は一目見て、「いやだいやだ、お母さんじゃない、お母さんは顔にぽつぽつなんてない」という。達命は、「お馬鹿さん、さっきお婆さんと団子を揚げていて、油が撥ねただけよ。さあ帰りましょう」。子どもは黙りこみ、達命に手を引かれた。

花輿に乗ると、二人の輿担ぎは、「おかしいな、輿がだいぶ重いぞ」と顔を見合わせた。すると中から、「ごちそうもちまきもお腹いっぱい食べたからでしょう」。こうして達命は輿担ぎも黙らせた。

家に戻ると、怪訝な顔をみせる秀才に、達命はまた油が撥ねたといいわけをした。秀才は口にこそ出さなかったが、心の中にもやもやが残った。

ある日、秀才が村の学校からの帰り道に林のはずれに通りかかると、突然一羽のキジバトが樹上で唱った。

「ポーポーポポ、ポーポーポポ

美人妻があばた妻に代わった」

秀才はふとこの鳩は妻だろうかと、胸騒ぎがした。そこで、「鳩よ、鳩よ、もしもわたしの妻なら左の筒袖に入っておくれ」といって袖口を開くと、鳩がさっと入ってきた。秀才はキジバトを連れ帰り、籠に入れて堂屋《タンウー》（祖先を祀る祭壇のある中央の部屋）に置いた。

ある日、達命は堂屋に置かれている織機を見て、退屈しのぎに坐ると、梭に手をふれないのにどんと織機がひっくり返った。鳩は

「ポーポーポポ、ポーポーポポ

達命は九尾の狐（九本の尾をもち変幻自在で人をまどわすとされる神話上の妖狐）や

虎より凶悪で蛇よりあくどい」

と唱った。達命はかっとなり、籠から鳩をつかみ出してぎゅっとひねり殺した。

その晩、戻ってきた秀才が、「鳩はどうした」と聞く。達命は、「殺した」「殺しただって」。達命は、「スープにした」とハトスープを茶碗によそって秀才の前に置き、自分の分もよそった。達命の舌にはスープがだんだん苦くなってきて、「苦いわね」と言うのに、秀才は、「おいしいよ」という。達命は茶碗を取り替えて飲んでみたが、「苦い苦い」。けれども秀才は面倒くさそうに、「こっちもおいしい、苦くないよ」。達命はまたかっとして、スープを裏庭に空けた。

数日して、裏庭に孟宗竹が生えた。夏になると竹藪の下は涼しかった。秀才が涼むと熟した実が落ちてきた。その甘いこと。達命も涼んでみたが、実の影もない。突然竹はざわざわと弓のようにしなり、達命の髪をつまんでてっぺんまで持ち上げた。達命は悲鳴をあげた。秀才が跳び出してみると、可笑しいやら腹立たしいやら。急いで家に取って返し、刀を持ってきて竹を伐った。達命はどさっと落ちて、全身を打った。

達命は起き上がると、ぷんぷんして秀才の手から刀を奪うと、竹藪をすっかり伐りはらった。

村じゅうの人々がやって来て竹をもらっていった。村はずれの婆《ばあ》も竹をもらって帰り、織機の梭にした。それ以来、婆の家では不思議なことが起こった。これまでは毎日昼間は畑に出ているから、夜のわずかな時間に機を織る。だから一日に三尺五寸がやっと。けれども梭を代えてからは夕方に戻ってくると、布が織り上がっている。おかしな事だった。なにしろ織機十台もなければ織りきれないほどの大量な布だ。婆は隣近所に聞いて回ったが、誰も織り子の姿を見た者はいない。ただ、昼間機を織る音は聞いたというのだった。

翌朝、婆は畑に出るふりをしてそっと隣の家に行き、籬の隙間からのぞいた。突然梭からゆっくりと美しい娘が出てきた。娘はあたりに何の異変もないことを確かめると、機の前に静かに坐って布を織り始めた。婆は大喜びで家に駆け込むと、娘をぎゅっと抱きしめた。

「娘さん、なんてすばらしい。お名前は」

　娘は抱かれたまま抵抗もせずに、「お婆様、わたしにはみよりがありません」「それじゃあわたしがお母さんになりましょうね」「よかった。でもわたしはある人のために、骨が一本もないのです。わたしを娘にしてくださるのなら、どうぞ町で箸を買ってきてください。水に入れて煮て、その湯をのませてください。そうすれば骨のある人間に戻れます」。婆はいそいで町に行って箸を買い求め、鍋で煮た。その湯を娘に飲ませると、果たして娘はすっくり立ち、いっそう美しくなった。

黎朗（絵）

　ある日、娘は婆に、「お母さん、きょうは良い天気だから、ある方をお呼びしたいのですが」「どなたです」「秀才です」。婆は、「おやおや、何を言い出すのだい、こんな貧乏人のところになど来てくださるものか」「お母さん、ある娘のお招きだと言ってください。息子さんも連れて。きっと来られますから」。婆はさからえずに出かけて行った。
　ほどなくすると、婆は秀才と息子を伴って戻ってきた。家に着くと、婆はあたふたとごちそうの用意にとりかかったのに、娘は奥にひっこんだまま出て来ない。

婆が子どもに鶏足料理（チキンレッグ）を与えると、子どもは喜んで食べはじめた。すると猫が横あいから奪って行った。子どもはわっと泣きながら、猫を追いかけた。奥に行くと、娘を一目みて、「ママ、ママ」と跳びついた。秀才もはじかれたように奥に行き、あっと息を呑んだ。子どもは母の手をぎゅっと握り、母も子どもを抱きしめて、両目から涙があふれている。「達稼ではないか」と秀才は叫んで駆け寄った。妻を抱きしめたまま言葉もなかった。秀才の目もうるんでいた。

翌日、秀才は達稼を家に連れ帰った。達命は達稼を見ておろおろと取り乱し、達稼に、「稼よ、あの時、井戸に落ちたはずなのに」とそっと聞いた。達稼は落ち着いて、「人はそうやすやすと死にはしないの。いいこと、心清い人を殺そうなんて無理な話」。達命は打ちひしがれた。

ある日、達命はまた達稼に聞いた、「稼よ、あんたはどうしてそんなに色白なの」。達稼は、「母がわたしを踏み臼に入れて、白くなるように踏んでくれたからよ」「それで白くなるの」「そうよ、白米は白くなるでしょう。人間だって同じことよ」。達命は、「わかったわ。明日帰ってやってもらおう」。

あくる日一番で帰って行った達命は、母に、「お母さん、達稼が色白なのはねえ、達稼のお母さんが達稼を踏み臼に入れて踏んだからなんだって。さあ、わたしもそうしてちょうだい」とまくしたてて、臼の中にしゃがんだ。

母は娘がこんな真剣な顔で言うのだから本当なのだろうと思って、踏み臼を動かし、力一杯どんと踏んだ。杵が落ちたとたん、達侖は悲鳴を残して口をつぐんだ。

母は娘が死んでしまったので、悲しくて泣いた。ほどなく母もうつうつとして死んだ。それから、達稼は秀才と以前通り相思相愛の、むつまじい日を送った。

達侖母子は秋焦鳥《チウチアオ》に変じ、昼夜休まず「人をあやめ自分も死ぬ、人をあやめ自分も死ぬ」（壮語でチウチアオの意）と鳴き続けるのだった。


（原題「達稼、達侖」除宏捜集『民間文学』一九五七年三月号）


『酉陽雑俎』の「葉限」は八世紀の壮族の先人が語った〔第一型〕の「シンデレラ」。これは同じ壮族の間に伝承された〔第二型〕の「シンデレラ」です。

秀才については、貧しい山村に入っていくと、「この村から秀才が出た」と自慢げに話しかけられることがありました。秀才を輩出した村にとっては、今もって大変名誉なことなのです。峠にさしかかると、「あの村から秀才が出た」と遠くを指さして教えられることもありました。一つの村どころか郷を挙げての誇りであることも実感したことでした。

7　巴尓布《パールプ》の三姉妹　蔵族

中国の著名な神話学者、民話採集者の故肖崇素先生が四川省甘孜蔵族自治州で採集されました。『青蛙騎手』（一九五六年）に掲載されたもので、わたくしは一九八四年に「ランウェイの花嫁」として翻訳紹介したことがあります。ずいぶん古い話です。ただこれは四川省で採集されましたが、舞台は「西蔵《チベット》の喀蚩《コチ》に近い巴尓布地方」とありました。

西蔵の喀蚩に近い巴尓布地方に三姉妹があった。上二人は父の先妻の娘、末妹は後妻の娘だった。父母が亡くなると、上の姉は末の妹を牛追いに、水汲みに、柴刈りにとこき使った。下の姉は長女の目を盗んで食物を分けてくれたり仕事を手伝ってくれたりした。妹娘はくるくるくるくるくる働き、山の草はらで母のかたみの老黄牛を放している時が、ほっと休めるひとときだった。この牛が、つらい毎日を知っていてくれるように思えた。

ところがある日、姉は役に立たなくなった老黄牛をつぶすことにした。その日、娘が牛を追って草はらに来ると、牛が突然口をきいて、「おねえさんが、明日わたしを殺します。今日限り、お別れです」という。娘は驚き、牛の首を抱いて泣いた。

「さあさあ、泣くのはおよし。わたしが殺されたら、骨を甕に入れて隠しておきなさい。

誰にも気づかれてはなりません。九月の馬競べの祭りには、中三日だけ甕を開けること。初日と最終日には開けないように。老馬が教えますから、言われた通りにするのです」。娘はこっくりうなづいて、牛の言葉をそっと胸にしまった。

あくる日、牛はやっぱり殺された。姉はおいしい肉をたっぷり食べると、妹に骨を投げてよこした。娘は骨を拾って甕に入れ、物陰に隠した。

それからずんずん時が流れて、九月の祭りになった。姉たちは着飾って馬に乗った。娘はふだんの粗末な身なりのまま、馬の後を歩いた。

会場は喀蚩と巴尔布の中間にある高山の、ひらけた草原だった。今年は大金持ちで広い牧場をもっている譲尾《ランウェイ》家の跡取り息子が花嫁を選ぶというので、例年に増してにぎやかだった。心もはずむ楽の音に合わせて、人々の踊りの輪が広がっている。着飾った二人の姉が輪に近よると、りりしい譲尾の息子がさっと手をとった。息子と姉たちの踊りはそれはみごとで、人々はみとれていた。

その様子を木陰から見ていた娘は、さみしく帰って行った。

祭りの二日目、娘はでかけようとしない。牛の言葉もとんと忘れた。そこへ老馬が来て娘のスカートを噛むと、甕を隠したところにつれて行こうとする。娘はようやく思いだした。甕の蓋を取ると、ぱあっとまばゆい光がさした。金糸銀糸の縫取りのある豪華な晴着が、何枚も何枚も入っていた。甕の底には宝石をちりばめた鞍まであった。

娘は目も綾な晴着を着ると、老馬の背に鞍をおいてまたがった。そのとたん、馬はつややかな毛並みのたくましい神馬に変じて風のようにかけり、たちまち会場に着いた。人々は娘の美しさに息をのんだ。譲尾の息子がさっと娘の手を取って、踊りの輪にみちびいた。人々は昨日の姉たちの踊りにもまして軽やかで品のよい娘の踊りに、ほれぼれとみとれていた。いつの間にか陽は山の端に沈みかけ、二人の姉が帰りじたくを始めた。神馬は娘に合図のいななきを送った。娘はおおあわてで人波をぬけて神馬にうち乗り、風のように駆け去った。その次の日も、娘は昨日と同じようにふるまった。姉たちが祭りから帰ろうとすると、神馬はまた娘に合図し、娘は馬とともににわかに姿を消した。

四日目、娘が祭りに来ると、息子は娘の名と村の名を聞いた。けれども娘はただほほえみを返すばかりだった。この息子は、その時良いことを思いついた。踊りの輪の人々に靴を脱ぐよう勧め、人々は草はらを素足になって踊った。それもまたすがすがしかった。娘もつられて素足になった。息子は草はらに残された娘の足の寸法を、家来にさりげなく測らせた。

七日にわたる祭りが終わると、息子はさっそく靴屋を呼び、娘の足型どおりの靴を作らせた。五色の糸で縁取りをしたかわいい靴ができあがった。

家来は靴をたづさえて喀蚩と巴尓布の村々を回った。ところがこの靴をはける娘はいない。最後に三姉妹の家にやってきた。姉は大はしゃぎで靴に足をつっこんだが、左も右も入らない。すぐの姉も試したが、両足ともてんで合わない。この時、娘が入ってきた。姉は、「乞食のような娘でも、残らずはいてみるんですって。どうせ合いっこないけどね」とつっけんどんにいって、靴をわたした。

娘はかわいい靴がすっかり気に入って、足を差し入れた。靴はすいつくように娘の足を包んだ。家来は思わず喜びの声を上げた。「ああ、この娘だよ。わしもご苦労さんだったな。喀蚩と巴尓布を、足を棒にして回ったんだからねえ」。家来は馬にとび乗って、息子に知らせた。譲尾家ではただちに贈物を持たせて、家来に求婚に行かせた。

姉は驚き、口をあんぐり開けて、「この汚いぼろを着た娘が、譲尾家に釣り合うはずがない。どのみち三日でつまみだされるに決まっている」と思った。

娘が家来に守られて家を出ようとした時、馬が甕の前に連れていった。娘が甕の蓋を取ると、ぱあっとまばゆい光がたちこめた。中には前よりもはるかにたくさんの美しい衣裳、金襴緞子が入っていた。金銀財宝もざくざく出てきた。家はたちまち宝物の山に埋まった。家来は五十頭のラバと五十頭の馬をととのえて、宝物をみんな積んだ。娘は輝くばかりに美しい花嫁となって、譲尾家に向かった。二人の姉は妹のにぎにぎしい花嫁行列を、ぼんやり見送るばかりだった。

娘と譲尾の跡取り息子は幸せな結婚生活を送った。

ここまでが〔第一型〕〔第二型〕の1～5

以下〔第二型〕の6～10が続く

娘は長い髪を梳っている時、ふと姉さんたちは今ごろどうしているかしらと気になった。家にお招きしましょうか、と夫に相談すると、夫はすぐに姉たちのところに人をやった。さんざん妹を虐待した上の姉はさすがに来られず、下の姉がやってきた。娘と夫は心から歓迎し、毎日ごちそう責めにした。こうして三月過ごして帰ることになった姉に、豪華な絨毯や金貨銀貨を一〇〇両づつ、それに馬二頭を贈り、途中まで送って行った。

上の姉はこのたくさんの贈物を目にし、妹の豪奢な暮らしぶりを知ってうらやましくてならず、しばらくたって妹の館に向かった。

妹夫婦は下の姉にしたのと同じように、心から歓迎した。ところが上の姉は悪知恵をめぐらして、「たまには外の空気を吸った方がいい。泉で洗髪でもしよう」と妹を誘い出した。山の麓の泉に来て、妹が、「ここでいいかしら」と聞くと、姉は、「水が良くない」。山の中腹の泉でも、姉は、「水が悪い」という。二人は山頂まで登り、泉のほとりの岩に坐った。

「わたしのことを、心底姉さんと思っている」と姉が聞いた。「はい」と妹。「それなら正直に答えてちょうだい。夫のことをなんて呼んでいるの。どんな話をするの。お前の箱はどうやって開けるの。使用人に穀物を支給する時はなんというの」と矢継ぎ早に聞く。「そんなことを聞いてどうするの」と妹がいぶかると、姉は、「本当の姉さんになら恥ずかしくないでしょう」。妹は恥ずかしかったがたいしたことでもないので、冗談めかして答えた。「夫のことは〝短命鬼《トワンミンクイ》〟（若死にする奴というののしり言葉）と呼ぶ。あの箱は反対に開ければいいの。もしも開かなかったら〝短命な鍵、短命鍵〟とののしるの。穀物を配る時には〝食いしん坊の怠け者の短命鬼、食べたら閻魔に会いなさい〟というの」。姉は「それでこそわたしの妹」とほめそ

やした。

しばらくすると、また、「わたしはずっとお前につらく当たっていた。それでも心から姉さんと思ってくれるなら、着ている服を交換しよう」という。妹は服を脱いで姉の服と交換した。すると姉は、「さあ、髪を洗ってあげよう」という。妹がすなおに従うと、姉はふいに妹を泉に突き落として、妹に成り代わった。姉妹はよく似ていたから、若者は少しも分からず、「お姉さんは」と聞く。「さっき帰ったわ」。

上の姉にはぽつぽつとあばたがあった。若者が、「そのあばたはどうした」と聞くと、「姉を送っていった時、豌豆の畑で転んでしまった」。夫は妻を愛していたから、少しも疑わなかった。

部屋に入る時、姉は鍵を反対にして戸を開けようとしたが、開かなかったから、「短命な鍵、短命鍵」とののしった。午後、使用人たちに穀物を渡す時、姉は「食いしん坊の怠け者の短命鬼、みな持って行け、食べたら閻魔王に会いに行け」。夜には夫を短命鬼、短命鬼と呼ぶしまつだった。夫は妻の変わりようを、「お姉さんが帰ってしまったからだろう……」と思うのだった。

七日後、娘は九音鳥（黒い顔に赤い体の小鳥）に変じ、九つの悲しげな旋律で歌いながら水面を飛びかった。譲尾家の牧童が牛の群を追って行くと、山の中腹の老黄牛に気づいた群が寄っていった。牧童もかけだした。老黄牛は牛の群を引き連れながらゆっくり泉のほとりまで登っていった。そこは高く辺鄙で、めったに人は来ないところだった。

牧童は牛に豊富な牧草を与えながら、寝転んで鼻歌をうたった。すると九音鳥が牧童の顔の上を旋回し、親しげにチチチと鳴いた。牧童が手招きすると、九音鳥は牧童の手の甲にとまって、「牛飼いさん、ご主人は最近どうですか」「へんなことを聞くね。ここ数日、ふさぎ込んでいるよ」「どうしたの」「奥様のせいだ。奥様がこられたころは、水汲みや木こりなどの力仕事をする俺たちに寄り添ってくれて、俺たちは奥様が大好きだった。ところが急に変わってしまった。俺たちに穀物をくれる時なんか、短命鬼呼ばわりする。奥様の心に鬼《き》（目に見えず人に害を与えると恐れられる幽鬼）が居ついてしまったんだ」「それじゃあ、奥様が嫌いなの」「嫌いだ」「ご主人は」「ご主人は好きだよ。でも奥様に遠慮なさっている」。小鳥は首を羽根に埋めて、「遠慮ですって」「そう。でも遠慮なさることはないんだ」。小鳥はしばらくためらっていたが、思い切って、「牧童さん、ご主人に九音鳥が泉のほとりに来てほしいといっていると、伝えてちょうだい」。牧童は、「わかった。ご主人には毎日お会いしているから」

ところがまだ幼い牧童は、山を下りるととんと忘れてしまった。小鳥は九日頼み、牧童は九日忘れた。十日目、小鳥は、「牧童さん、わたしの伝言、忘れたの」。牧童ははっと思いだし、「ごめんごめん、山を下りたとたんに忘れてしまうんだ」。そこで小鳥は羊毛を細い糸によって結び目をつくり、牧童の手首にくくって、「結び目をといてはだめよ。こうすれば忘れないでしょ」「大丈夫、きっと伝えるよ」。

けれども牧童は、山を下りるときれいに忘れた。食事時、牧童の手首の毛糸に気づいた人が、「おや、その羊毛の結び目は、女の子のようだね」とからかったので、牧童はやっと若旦那に伝えることができた。

若者は翌朝早く、牧童と一緒に山に登った。泉のほとりに着くと、九音鳥が飛んで来て、親しげに羽根をうちチチチと鳴きながら若者の頭上を飛び回った。

若者は、「かわいい九音鳥、わたしに伝言したのは君かい。もしもめでたい鳥ならわたしの左肩にとまれ、不吉な鳥なら右肩にとまれ」というと、小鳥は左肩にとまった。

若者はこの不思議な小鳥を連れ帰り、それはかわいがった。餌を与えるのも若者だった。小鳥も若者の姿を見ると親しげに鳴き、肩にとまることもあった。ところが姉が来ると首を羽根に埋めて無視したり、頭に糞をしたりするのだった。

姉はしゃくにさわって、若者の留守に小鳥を絞め殺し、きざはしの下に埋めた。帰ってきて、「小鳥はどこか」ときいた若者には、「猫にやられてしまった。もう埋めてやりましたよ」と告げた。若者はため息をひとつついたきり、何もいわなかった。

ほどなく、きざはしの下から一本の大黒刺が生え、しだいに高く大きく育ってこんもり茂った。若者が通ると刺は綿のように柔らかいが、姉が通ると刺は伸びてひっかけたり、手足を傷つけたり、服を裂いたりするのだった。怒った姉は使用人に伐らせたうえ、根っこを掘り起こさせて、囲炉裏で焼かせた。

刺のコブはそれでも数日間燃えず。ちょうど村はずれの貧しい婆《ばあ》が火を借りに来ると、姉はこの燃えさしを持っていかせた。婆はコブを拾って持ち帰って囲炉裏にくべたが、焼けない。コブは真っ赤になっても変化しなかった。婆は、「これだけ燃やしても燃えないなら、宝物だ」と思って取り出し、水をかけて箱にしまった。

その日から、婆は毎日畑仕事から戻ってくると、テーブルには饃饃《モーモ》（蒸しパン）と料理が並び、茶もわいていた。こうして二か月、とうとう婆はでかけるふりをして戸の陰に隠れ、様子をうかがった。すると箱から花のような美しい娘が跳びだしてきた。袖をまくり、囲炉裏端に行って料理をつぎつぎつくった。婆はうれしさに心がうちふるえた。再び箱に戻ろうとする娘を、婆は思わずぎゅっと抱きしめ、「娘さん、娘さん、このままで、この婆と一緒に暮らして」と懇願した。

娘は驚いたが、「もう少し目をつむっていてくれたら、お返しができたのに」「お返しなんて。わたしと一緒に暮らしてくれるだけで充分」と婆。この日から、二人は婆のあばらやでまるで母と娘のように暮らした。娘は朝早くから婆のためにおいしい饃饃や料理を用意し、茶を入れ、衣裳を縫った。婆は前のように衣食に事欠くことがなくなり、このごろ暮らしが豊かになったと感じていた。

それは隣近所でも評判になり、ほどなく譲尾家の若者の耳にも入った。若者は家の前を通りかかった婆を呼び止めて、「お婆様、お宅には食糧がたっぷりあるそうだね、お呼ばれに行っていいですか」。婆は驚き、「若旦那様、おいやでなければどうぞ。良き日にお招きしましょう」。婆は家に戻ると娘に相談した。ところが娘は、「またにしましょう」とそっけない。婆が早くしたほうがよいというので娘も同意したが、若者を招く日は、その一切をわたしがとりしきりますという。婆は承知した。

その日がきた。婆は娘に言われた通りに若者を呼びに行った。婆が戻ってくると部屋は気持ちよく整頓されていて、とても貧乏人の家にはみえなかった。料理も並んでいる。それなのに娘は、「お婆様、若旦那が来られたら、わたしはオンドルに隠れますからね。若旦那が食物を落としたら拾わせて。火が強すぎるといったら、完全に消してください」という。婆は、「はいはい、そうしましょう」。

まもなく、若者が使用人を連れてやってきた。囲炉裏の上座には虎皮豹皮が敷かれているのに、並んでいるのは酒かすの饃饃と粗末な料理。むしろが敷かれた下座には香ばしい牛肉羊肉の煮物やさまざまな料理が並んでいる。若者は見るなり、わたしが坐るべき座にはたいした料理はない。お婆様が勘違いしたのだろうかと、使用人に料理を取り換えさせた。

食事中、囲炉裏の薪がひどくけぶった。若者は、「お婆様、ずいぶんけぶるね。少し取っておくれ」。婆は娘に言われた通りに火を消した。若者は不機嫌になり、「どうかしているよ。そまつな料理を上座に置いたり、薪をはずしてくれといえば消してしまう」。娘はオンドルで、「若旦那、賢いお方。料理の置き場所が違うと、置き換えさせた。囲炉裏の火がけぶると、薪を取り除かせた。それなのに、妻が変わったことが分からないなんて」と歌った。近くで軽やかなやさしい声がするのに、姿は見えない。

若者も歌った、「きれいな声の娘さん、何をいっているのか分からない。どうして隠れているの」。すると顔をすすだらけにした娘が現れた。若者は、「美しい娘さん、なぜすすまみれの顔をみせるのか」。娘は、「聡明な人でも時

にはふぬけになる。すすまみれの顔がお嫌いなのに、あばたはかまわないの」「美しい娘さん、わたしを責めないでおくれ。わたしはみんな分かっていた。顔を洗ってみせておくれ」。娘が顔を洗うと、前のように美しい顔が現れた。若者はたちまちすべてを悟り、ただちに仇を討つと誓って家に戻っていった。

姉を呼びつけると、「この悪女め、馬で家まで送ってやろう」。姉の髪を一束ずつ馬の尾に縛り、馬に「この女を九重山を引き回して、家まで送って戻って来い」と命じて、馬にひと鞭あてた。

それから吉日に、にぎにぎしく娘を迎え、人々を招待した酒宴は三日続いた。あの牧童と貧しい婆にはたくさんのお礼が渡された。

（原題「巴尓布的三姉妹」『青蛙騎手』一九五六年　重慶人民出版社。絵は無名氏）

ここではシンデレラは後妻の娘、継母役は先妻の娘、という関係です。大牧場主の跡取り息子は草原に残った娘の足型をとり靴屋に靴を作らせてまで、足のぴったり合う娘を探しました。チベット靴は羊毛や他の獣毛で密に織ったラシャやフェルトと皮革で作られるので、靴としました（履ではなく）。底は硬いが左右両側は柔軟で、はき心地が良いのだそうです。

娘を泉に突き落とした長姉は義妹になりすまし、ぽつぽつあばたを問われて、「豌豆畑でころんだ」といいわけをしています。麻緒や芋殻に足をとられ、転んだはずみにゴマ殻で目をついて片目になった鎮守様氏神様の神話が思い浮かびます。

シンデレラは泉の底から→小鳥に蘇り→長姉に絞め殺されて埋められ→鋭い刺をもつ木に甦り→長姉は根っこまで掘り起こして囲炉裏に放り込み→火もらい婆が燃えさしをもらって燃やそうとして燃えないで箱にしまわれ→美しい娘シンデレラとなって甦った、という抹殺と甦りの場面が繰り返されます。このいわば死と再生の場面には、魔法とは違う何らかの仕掛けがあるように思われます。後ほど考えてみたいと思います。

こうして甦ったシンデレラは夫との再会を果たし、義姉は長い幾本もたばねた髪を一束づつ馬尾に縛られて引き回されました。「葉限」の「飛石に撃たれる」のも「馬尾に縛られて引きずられる」のも、古い時代の刑罰でした。

8　牛飼いの阿依《アイ》　彝《イ》族

これは雲南省の昭通市の彝族の間に流布しています。昭通市は雲南省東北部にあって、四川省と貴州省に突き出しています。四川省大凉山や貴州省畢節地区の彝族は、いずれもこの昭通から移動していった、という神話があり、死後に魂をここ昭通に送り届けるという儀式をとりおこなう彝族もあって、文化的にもとても重要な所です。

むかし、幼い時分に母を亡くした阿依《アイ》という娘がいた。十五歳の時、父は後添えを迎え、後添えは阿依よりも一つ年下の娘を連れてきた。それ以来、阿依の暮らしはいっぺんした。阿依は毎日山に牛を放牧し、羊にやる草を刈り、その上果てしのない家事におわれるのだった。粗末なものを食べ、継母が着古したよれよれのスカートをはいた。義妹は一日じゅう何もしないで、ぜいたくに飲み食いするのだった。

ある日、継母は阿依をただ放牧だけさせるのではもったいないと思い、二斤（一斤は五百グラム）の麻をわたし、放牧しながら麻糸に撚るようにといいつけた。阿依は山で牛を放つと、坐りこんで麻糸を撚っていった。自分の苦しい毎日を思って、撚りながら泣いた。「よその娘たちは食べるのだって着るのだって良くしてもらって、楽しく暮らしている。わたしはお母さんがいないから、朝から晩まで次つぎ仕事に追われ、いつでも腹ぺこ。今日だって、放牧しながらこんなにたくさんの糸を撚らされる、とても終わりはしないわ。お母さんがいたら良かったのに」。こう思って泣くうちに、ますます悲しくなった。

突然一頭の水牛が寄ってきて、涙をたたえて話し出した、「かわいそうな娘、泣いてはだめよ。わたしが助けてあげましょう」。水牛は阿依に麻を食べさせなさいという。しばらくすると、牛は大量のきれいに撚った麻糸をひり出した。阿依は躍り上がって喜こんだ。それからは、水牛は毎日阿依を助け、阿依もいつも継母がもたせてくれた少しばかりのソバ粉餅のお弁当を、半分分けてあげた。

こうして日がたって、継母はさすがに放牧のかたわら、たくさんの麻糸を撚って戻るのはおかしいと思って、阿依を問いつめた。正直な阿依は、水牛がどのようにして助けてくれたのかを、包み隠さず話した。継母は聞くなり、こんないい話なら、わたしの娘にやらせようと思った。あくる日、阿依には重労働の畑仕事をいいつけ、自分の娘には二斤の麻を持たせて山に放牧に行かせた。山坂に着くと、義妹は水牛が話しかけてくるより先に、乱暴に麻を全部水牛の口に押し込むと、後ろに回って麻糸がひり出てくるのを待った。ところが待っても待っても、何も出ない。ようやく牛は尾を上げた。受けとめようと手をのばすと、山のような糞が出た。かあっとして、思いっきり右手を尻に突っ込んで、麻糸を引き出そうとした。ところが牛がぐっと力をこめて、その手を腹へ吸い込んだから、右手は吸い取られてしまった。

継母は片手になってしまった娘を見て、怒り心頭に発し、阿依にびんたを食らわせて、明日、あの水牛を殺してやる、といった。

その夜、阿依はずっと泣いていて、真夜中になってようやく眠った。夢に水牛が現れて、「明日、あなたの継母はわたしを殺す。刀で殺されるのは怖いから、明日の朝早く、水汲みに行った時に、わたしが自分で滑って死ぬように、門の前の斜面に水をまいておくこと」。さらに続けて、「わたしが死んだら、決してわたしの肉は食べないこと。わたしの骨を櫃の中と、馬小屋の中と、戸口の陰に隠しておきなさい。後できっとお前の役にたつ」といった。

あくる日の早朝、阿依は水汲みから戻ると、水をわざと門の前の斜面にまいた。牛を小屋から出すと、あの大水牛は本当に斜面で滑ってもんどり打って転がって死んだ。その夜、一家は囲炉裏を囲んで牛肉を食べた。阿依一人は部屋の壁の隅でそっと泣いた。家人が寝静まると、阿依は水牛の言いつけ通りに、牛の骨を櫃の中に入れ、馬小屋に置き、戸口の陰に隠した。

どのくらいの時が流れたか、近くの貴族の館で、跡取り息子の嫁選びの大会があって、遠近の村の人々は皆招かれた。継母も朝早くから自分の娘をきれいに飾りたてた。それから灰に一升のソバをまぜて床にぶちまけ、阿依に、「お前はソバを拾うこと、残らず拾うまで外出してはいけない」と命じると、娘を連れて、立派な馬に乗ってでかけて行った。

阿依は昼まで拾ったが、床のソバ拾いは半分も終わらない。家の前を人々が着飾って通っていく。それなのに、わたしは一人で灰の中からソバを拾っていると思うと、悲しくて泣いた。すると家の前の木にカササギが飛んできて、「お馬鹿さん、篩でふるえ、箕であおれ。篩でふるえ、箕であおれ」と叫んだ。娘ははっと気づいて、走って篩と箕を取ってくると、作業はたちまち終わった。

阿依は祭りに行きたかった。けれども、ふとボロ服に目をやると、またみじめな気持ちになった。「よその娘はきれいな服を着せてもらえるのに、不運なわたしは、ボロの服がお似合いだわ」。するとカササギがまた、「櫃を開けよ、櫃を開けよ」と叫んだ。急いで櫃の蓋を開けると、牛の骨の代わりに刺繍した真新しい衣裳があった。阿依は喜び、新しいフェルトをはおり、銀のアクセサリーをつけ、うきうきして門を出ようとした。ところがカササギが、「馬小屋を見よ、馬小屋を見よ」となおも叫んでいる。馬小屋に行ってみると、堂々とした白馬がいる。阿依は馬を牽き出した。カササギは重ねて、「戸口の陰を見よ、戸口の陰を見よ」という。戸を引いてみると、陰に老僕がいた。老僕は阿依のために馬を牽き、まっすぐ貴族の館をめざした。

貴族の館はそれはにぎやかだった。四方八方の村むらから大勢の人が集まってきていた。阿依はそこで夕飯をごちそうになった、突然義妹が、「お母さん、見て、あの馬に乗って来た人、姉さんのようだけど」。継母は、「お前の目はどうかしているよ。あの不運な娘は、今ごろ灰の山からソバを拾っているよ。それに、どこにあの子が乗る馬があるのさ」。「本当に姉さんだったら、見てよ、きれいな服を着ているわ」。継母が目を細めて見ると、本当に阿依だったから、すぐに娘に阿依を呼びに行かせ、同じテーブルに着かせた。

阿依が貴族の館に一歩入ると、人々はぽかんと見とれた。なんと美しい娘だろう、山茶《シャンチャ》（山ツバキ、雲南省の省花になっている美しい花）よりも美しい。跡取り息子は一目でこのきわだって器量よしの娘に心を奪われた。彼は家来にそっと赤い箸を阿依に渡すようにいいつけ、立ち上がってお客たちに向かい、「わたしは赤い箸を使っている娘さんを、嫁にする」といった。継母はきくなり阿依の赤い箸を奪って娘に与え、娘の白い箸を阿依に渡した。若者は、「白い箸を使っている娘さんを、わたしは嫁に迎えたい」。継母はこんども白い箸を娘に与えた。こうして何回か箸を奪う様子は、周囲の人々の笑いを誘い、継母はさすがにやめた。赤い箸はこうして阿依の手に戻った。息子は阿依の手を取って立たせ、お客たちに向かって、「これからこの美しい娘さんとの婚礼の式をとり行なう」と宣言した。

婚礼は三日三晩続いた。うず高く積まれた九十九山の薪は燃やされ、九十九樽の酒は飲みほされ、九十九頭の牛は殺されて、それは盛大だった（九十九は大量、多数の表現）。

ここまでが〔第一型〕と〔第二型〕の1～5

以下〔第二型〕の6～10が続く

一年後、阿依に子どもが生まれた。心やさしい娘はこれまでのわだかまりを忘れ、赤児を連れて、たくさんの高価な贈物も持って里帰りした。義妹は姉の美しい衣裳を見ると、悪い心を起こした。阿依が帰る時、義妹は送って行くと言ってきかなかった。道みち阿依の馬を牽き、赤児をおんぶした。しばらく進むと、ぎゅっと赤児の尻をつねり、赤児はわあーんと泣いた。「姉さん、きっとそのきれいな服が欲しいのよ」というので、阿依は服を脱いで妹にわたした。またしばらく行くと、赤児の手をつねったから、赤児はまた泣いた。「姉さん、そのきれいなスカートがいいんだわ」。阿依はこんどはスカートを脱いでわたした。こうして、阿依が身につけていた上着、スカート、アクセサリーは、全部義妹の手に移った。最後に赤児の足をつねり、赤児が泣くと、「姉さん、あの岩に咲いている花が欲しいって。姉さんの手を握っているから、あの花を取って」。阿依はなんの疑いもなく、崖っぷちに身をかがめて、花を摘んだ。と、その時、義妹は阿依をどんと崖下に突き落とした。いそいで阿依の服を着こみ、阿依のアクセサリーをつけ、馬にのって貴族の館に行った。

この時には貴族はすでに亡くなり、息子が父親の財産を相続していた。息子は嫁が戻って来たと喜び、母子を部屋へ導いた。一目で嫁はどこかおかしい、衣裳もちぐはぐで、いつもと違う、そのうえ片手と思った。そこで、「手はどうしたのか」と聞いた。「ずっと長く里帰りしていたから、病気になって、囲炉裏にころげ、それで手を焼いてしまった」。息子は半信半疑だったが、それ以上聞かなかった。夜、寝る時、息子が枕をというので左にだすと、息子は違うと言い、右に出すとそれも違うという。息子は、「前は君の髪の毛は長くて、九尺九寸あったから、毎晩わたしの枕になったのに、いったいどうしたのだ」という。義妹はあわてて、「病気のせいで、髪の毛が抜けしまった、わたしの命も危なかったのよ」。

それからというもの、奴隷が毎日山の畑を大きな岩まで耕していくと、きまって小鳥が飛んできて、「ご主人様は在宅ですか。お嫁さんが違うことに気づいていますか」。こういうことが毎日続くと、奴隷は不思議に思い、このことをご主人に告げた。息子が大岩まで来ると、はたして小鳥がいる。「もしもお前が年長者の変じた小鳥なら、わたしの頭にとまれ。でも同輩だったら、わたしの肩にとまれ」というと、小鳥は肩にとまって、涙をためた目で息子を見た。

息子は小鳥を連れ帰った。おかしなことに、小鳥は阿依の赤児には翼で顔をなで、くちばしで目やにをとってやる。義妹の赤児には飛んでいって顔をつつく。義妹には一目で阿依が変じた小鳥と分かったから、息子がでかけた日、小鳥を囲炉裏にくべた。

ある日、隣りの婆《ばあ》が貴族の館に火を借りにきて、囲炉裏からハサミを掘り出した。家に持ち帰って箱に入れた。

婆はよその家の牛を放牧して、一人で暮らしていた。毎日帰ると、家はしんと冷え切っていた。けれどもハサミを拾ってからは、家に戻ると、囲炉裏の端に料理がほかほか湯気をたてている。初めのうち、お隣さんが届けてくれたものと思って感謝していたが、「うちは忙しくて、お宅におかずを作ってあげるひまはない」といわれてしまった。

ある日、婆は牛を山から下ろすと、家に戻ってこっそりすきまからのぞいた。箱の中のハサミが美しい娘に変じ、すぐに料理に取りかかって……。婆はぱっと戸口を押し開けると、スカートで娘をくるんで、「そのままでいてちょうだい、わたしと一緒に暮らしましょう」。こうして阿依は婆の娘になった。

ある日、阿依は婆に、「貴族の家はいつもお母さんに良くしてくれるから、わたしたちも料理をこしらえて、ご招待しましょう」。婆も承知した。その日、息子はお呼ばれにやって来た。料理を食べて、「塩気が足りな

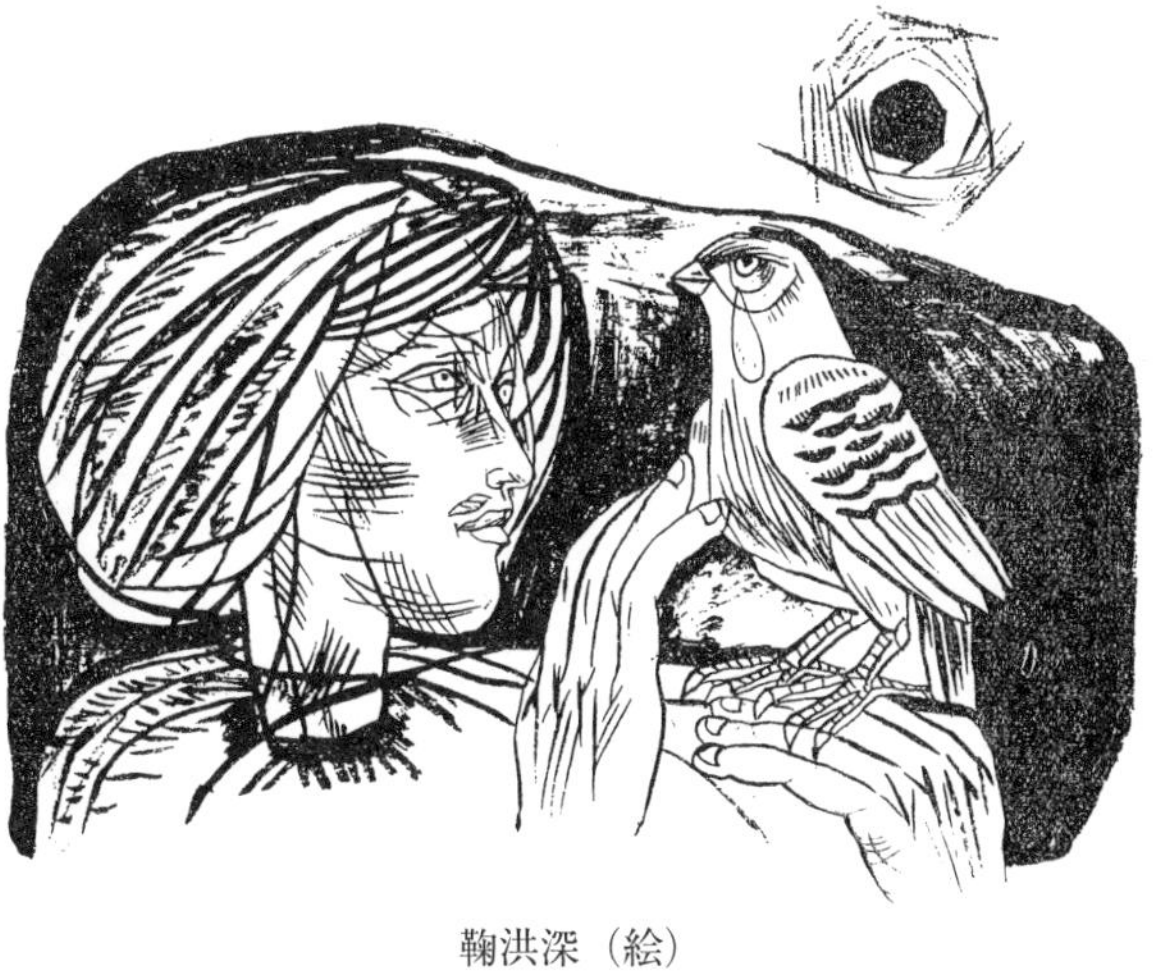

鞠洪深（絵）

い」という。阿依は戸口近くで壁によりかかりながら、うつむいて言った、「塩気が足りないのが分かるのに、本当の嫁かどうかはお分かりにならない」。息子はこの言葉が胸にさって、声もなかった。息子が帰る時、阿依は料理した鶏のもも肉を一本わたした。家に戻ってから見ると、もも肉に黒髪が縛ってあった。きっかり九尺九寸、阿依の髪と同じ長さではないか。息子ははっとして、片手娘を呼んで問いただした。初めのうち、義妹はしらばくれていたが、息子が、「思い当たることがある。お前が正直に言わないと殺すぞ」と長刀を抜いた。義妹はとりみだして、本当のことをしゃべった。

息子は鼓笛隊を招き、立派な馬を牽いて阿依を迎えに行った。義妹も面の皮を厚くして、「姉の馬を牽いてあげる」などといってついて行った。ほんの数歩出たとたん、ソナーの音に、驚いた馬が跳び上がり、片手娘を踏み殺した。木の上のカラスが、「片手娘、腹黒い。片手娘、腹黒い。それみたことか、それみたことか」と叫んだ。

息子と阿依は再会した。そして幸せで夢のような毎日を送った。

（原題「牧牛姑娘阿依」黄玲捜集整理『山茶』一九八四年第二期）

Ⅳ　シンデレラの豊饒への祈り

中国には1〜10を語る〔第二型〕の「シンデレラ」が、わたくしのカードに五十話あります。ここではそのうちの四話だけの紹介ですが、それでも中国の「シンデレラ」の特性がみられるように思います。もちろん〔第一型〕にもみられるのですが、後半の6〜10の長い物語に、より色濃く表出されているように思うのです。

そこでその中国の特性を、幾つかの点から考えてみたいと思います。

§シュー・テスト

この「シンデレラ」でもっとも印象に残る場面をあげるとすれば、靴が足にぴったり合う〝靴合わせ〟の場面でしょうか。これを〝シュー・テスト〟ともいっていますが、ここに掲げた中国の「シンデレラ」八話のうち六話に、靴合わせの場面がありま

した。

この靴について、わたくしは中国でこんな体験をしました、もう四半世紀もむかしのことですが。川向こうの村を訪ねるのに、橋がありません。もちろん渡し舟やボートなどという気のきいたものもありません。これは川を渡るしかないと、みんなは靴を脱ぎ始めました。わたくしも意を決して靴を脱ぐと、現地の男性がわたくしのバッグは持ってくれたのに、「靴は持ってあげられないよ」と笑顔でいったのです。その時は余り深く気に留めることなく、靴をぶらさげて底石の苔にすべりながら向こう岸に渡りました。

その後、観音様を祀る祠や観音堂、観音洞などを見学させていただくと、どこでもかわいい赤ちゃん用の布靴が山のように捧げられていました。それは、子宝の欲しい女性がお参りして靴の片方をもらって帰り、赤ちゃんが誕生すると、お礼にお手製の布靴を左右そろえて奉納する、という習慣によるものでした（日本でもこのような習俗があることを知ったのは、ずいぶん後のことです）。なにしろ靴には魔除けの力があるとされていて、もしも野宿することになった場合、靴を枕にすれば安心という民間信仰もありました。それに『詩経』に「君子偕老」（よい夫婦がそろって長生きする）とある「偕《シエ》」（共に、いっしょにの意）と「靴《シュエ》」とは同音なので、靴には〝共白髪まで添い遂げる〟という意味合いも加わって、娘の嫁入り道具には布製の刺繍靴が欠かせないのです。

そんなある日、「元末明初の頃、旱魃で雨が降らない日が続くと、娘は自分の足から木《き》履《ぐつ》を脱いで地面に置き、焼き捨てて雨を祈った。これは非常に霊験あらたかだった」という資料に気づきました。「娘が木履を焼いて雨乞いをする」という習俗です。木履は娘を代替しており、木履を焼くと青煙が天に昇っていって天神とまぐわいをする、と考えられていたのです。また「雨乞いして雨が降る（祈雨）は子宝を祈る（祈子）に通じる」という観念も根強くありました。思えば雨が降れば作物は豊作になりますし、赤児の誕生はその家や一族、ばあいによっては村を富ませる、繁栄の保証です。雨乞いも子宝祈願も、どちらも豊かさ、豊饒を約束するという点で、同じなのでした。

「シンデレラ」の〝靴が足にぴったり合う〟の〝ぴったり合う〟は、夫婦の場合に大事であるのはいうまでもありませんが、〝靴〟の方には天神とまぐわいをする、すると慈雨が降る、五穀豊穣子宝も得る、というより深い意味があるのでした。国王がだしぬけに神靴を出して、「ぴったり合った者を王子の嫁にする」と宣言したり、わざわざ靴を脱がせて草原に残った娘の足型どおりの靴をあつらえさせたり、などという靴へのこだわりの根底には、健康で豊かな暮らし、五穀豊穣、豊饒への深い祈りがあったのです。

そして人々のこの深い祈り、願いを、シンデレラは自らの足に靴が合うことで叶えることができました。ただ、従来言われているシュー・テストには、靴が足に合うかどうかの意味以上のことはでてこないようなので、もどかしくてなりません。

§牛と水神

亡くなった(殺された)母は牛に化身しました。これには巫師が巫術で牛に変えたとか、麻の実を食べさせて牛に変えたとか、説明するものもありましたが、何の説明もないものも多いので、一般には魔法によったと思われているようです。それに牛は人の話を良く聞いてくれるのだそうですし、上あごに歯がなくて、呑み込むようにして反芻するという咀嚼の仕方に、先人は麻から繊維を採ってその糸によりをかける過程を思い合わせました。それだけでも母が死後牛に変身するのはふさわしい、と思われたことでしょう。けれどもわたくしには、数ある動物のなかで「牛」が選ばれたのには、他に代替できないわけがあるように思うのです。それは、中国には「牛は水神である」「牛は龍である」という観念があるからです。読者の皆様は、水神なら龍ではないかと思われることでしょう。確かに龍は河や湖の底にある龍宮に住み、水をコントロールしていますが、中国ではこの龍と同等に、水底には犀牛宮もあって、犀牛が水神としての役割をみごとに果たしているのです。犀牛とは牛のこと、水牛のことです。

中国で、湖や川のほとりを歩いていると、ふいに堂々とした水牛(牛)に出会って、びっくりすることがあります。北京の頤和園に遊んだ時もそうでした。昆明湖のほとりで、青銅牛が水面をにらんでいたのです。台座には「水害を鎮めるために、乾隆二十年（一七五五）に鋳造された〝金牛〟」とありました。風光明媚な杭州市にある西湖でも、楊柳のそよぐ美しい湖畔をそぞろ歩いていると、水面に立派な角を出している黄金の水牛がいて、目が点になりました。そういえば西湖は、その昔は金牛湖と呼ばれていました。「金牛湖」は黄金の水牛が湖にがんばっているからこそ、周辺の町は水害に遭うこともなく、豊かに潤っている、という神話です。このような中国の水辺にがんばる鎮水鉄牛は、牛は水神という思想が根底にあることを物語っています。シンデレラの母は水神たる牛に変身したことで、愛娘を見守り、難題に助成して護ってやることができましたし、人々もそれを期待したのでした。

ついでに、中国では、「金牛の伝説は古代黄金や銅等鉱物採掘と何らかの関係がある」と論じられています。銅牛は山で追われて姿を消した、後に金鉱脈になった、という伝承も印象的に語られています。

§母牛の骨

母牛は明日殺されると分かって、娘に、「わたしの皮は壁の隙間に、角は屋上に、蹄は床下に埋め、腸は木の枝に掛けるように」「体の骨は衣装箱に、四肢の骨は馬小屋の飼葉桶の下に」「骨は甕に」「骨は櫃の中、馬小屋の中、戸口の陰に置くこと」などと言い残し、娘は泣く泣く言われた通りにしました。すると祭りの日、母牛の骨や角は豪華な晴れ着やアクセサリーに変じて、娘を美しく飾りました。

もしも魔法なら、一瞬で美しい衣装に変わってしまうのですが、このような変化には、手間ひまをかけなければならない、なにか魔法とは違った法則がありそうです。

たとえば殷代の遺跡の発掘調査によると、家の戸口や左右、居間の下、部屋の隅などに、人骨や獣骨、場合によっては子どもの骨などを入れた甕や陶缶、陶鉢などが埋められていた、という報告があります。考古学者は、これはきっと邪鬼の進入を防ごうとしたのだろうと、考えています。現在でも、陶壺や甕に麦や豆などの穀物や薬料などを入れ、吉日を選んでお香を焚き、ローソクを灯し、巫師がお経を唱えて家の門前に埋める、という儀礼を行なう民族もあります。それはその土地の邪鬼を祓い、家の安全と平安を神に祈る習俗である、と説明されています。

母牛が「わたしの骨を衣装箱に……」という場面は、このような習俗をふまえたものと思われます。そこには人々の五穀豊穣と安全と平安への願いが、いっぱいに込められていたのです。それに加えてわたくしは、以下のような点も考え合わせてみたいと思います。

§変身の容器

ここで〝骨が晴着に〟変化する、というような場面をみてみると、

骨→衣装箱に入れる→豪華な衣装に変じる

とか、

皮→壁の隙間に詰める→美しい衣装に変じる

という場面での骨とか皮などは、ぱっと晴着にはならず、衣装箱や壁の隙間などの容器、入れ物に入れる、というクッションがありました。

後半の６～10では、シンデレラが継母（女主人、長姉）によって殺されますが、次の場面ではよみがえります。死とよみがえりの場面が、飽くことなく繰り返されています。それは、５の「孔姫と葩姫」を例にとると、

継母が孔姫を蓮池に突き落とす→池に白い蓮花が咲くと長官が持ち帰る→葩姫が竈にくべる→竈の灰から夜明珠が転がりでる→女中が拾って櫃に入れる→孔姫

と語られています。最後に孔姫は元の姿によみがえりました。

ここで、「継母が孔姫を池に突き落とす」や「長官が蓮花を持ち帰る」「葩姫が蓮花を竈にくべる」「女中が夜明珠を櫃に入れる」という場面は、人の行為であって、不思議でも魔法でもありません。

さて、中国には、古代より受け継がれた「万物は天地の間に循環している木・火・土・金・水の五つの元素（気）から成っており、これらの五つの気は互いに密接に影響し合い、その相互作用によって天地万物が変化し循環する」という五行思想があって、今なお人々の日常生活に深くかかわっています。考えてみれば、木・火（竈、囲炉裏）・土・金・水（池、湖）のような大自然の中で循環している気には、自らの懐に入ってきたものを拒まず、はぐくみ育てる性質があります。これは、たとえば葩姫が蓮花を竈にくべると、「火（竈）は灰の中で蓮花を受け入れはぐくんで、その結果夜明珠となって転がりでた」ということになりましょう。

残るのは、「女中が夜明珠を櫃に入れると孔姫が現れる」という、夜明珠→櫃→孔姫という場面です。

6の「達稼と達命」は、

達命が達稼を井に突き落とす→井からキジバト→達命が殺しスープにして庭に空ける→空けられた場所に孟宗竹が生える→達命が伐って竈にくべる→火もらい婆が竈から竹の燃えさしを掘り出す→火もらい婆が燃えさしの竹を梭に細工する→達稼

という物語でした。「達命が達稼を井に突き落とす」や「達命がスープにして庭にまく」

「達命が竹を伐って竈にくべる」「火もらい婆が火（竈）から竹の燃えさしを掘り出す」「火もらい婆が竹のもえさしで梭をつくる」は、達命と婆の行為であることは明白です。

そして、「達稼が突き落とされた井（水）からキジバトが出現する」や「スープをあけたところ（土）から竹が生える」という場面は、人智の及ばぬ大自然のいとなみで、受け入れたものを成長させ、育てた結果と解すことができるでしょう。

すると、ここでも残ったのは、梭から達稼が出現するという、梭→達稼の場面です。

7の「巴尓布の三姉妹」は、

長姉が末娘を泉に突き落とす→泉から九音鳥→長姉が絞め殺して埋める→埋められた場所から鋭い刺をもつ木が生える→長姉が根っこまで掘り起こして囲炉裏にくべる→火もらい婆が燃えさしをもらう→燃えないので箱にしまう→末娘

と語られます。「末娘が突き落とされた泉（水）から小鳥が出現」「埋められた場所（土）から木が生える」は、大自然を構成する水・土にはぐくまれ、変化する場面と思われます。残ったのは、火もらい婆が燃えさしを箱にしまい、箱から末娘が出現する、という、燃えさし→箱→娘の場面です。

8の「牛飼いの阿依」に移ると、

義妹が阿依を崖下に突き落とす→崖下の渓流から小鳥→義妹が囲炉裏にくべる

→火もらい婆が竈からハサミを掘り出す→ハサミを箱に入れる→阿依

と語られます。ここでは重複になるので省きますが、残ったのは、火もらい婆がハサミを箱に入れると阿依になるという、ハサミ→箱→阿依の場面です。

そこで残った場面を集めると、

夜明珠→櫃→孔姫

梭→達稼

燃えさし→箱→末娘

ハサミ→箱→阿依

となります。

灰かぶりは殺されても殺されても再生しよみがえりました。その方法は、櫃や梭、箱のような入れ物に入る、容器に籠もる、という過程がぜひ必要なようでした。

すると「母牛の骨」でみた「衣装箱、甕、櫃といった容器に入れられた骨や角は、豪華な晴着やアクセサリーに変身する」という場面とも、響き合ったのです。

§ お籠もり

これらには、改めていうまでもなく〝櫃とか箱、甕のような容器に入る〟という共通点があります。何らかの容器に籠もって後に再生する、これが殺されても殺されても再生しよみがえるという装置です。

そしてわたくしはこの装置を〈お籠もり〉と呼ぶことにしています。変身するには何らかの容器に〈お籠もり〉する、という法則があるのでした。

わたくしは中国の神話伝承から「雷神（天神）は鶏の姿をしている」という観念があることを学び、そこで〈オンドリ雷神〉と呼ぶことにしました、ということは前にも述べた通りです。すると〈お籠もり〉という概念もとらえることができました。メンドリは卵を産み、メンドリの子は卵の中で一定期間過ごした後に、ヒヨコとなって誕生する。メンドリ──→卵──→ヒヨコです。これがまごうかたない自然の摂理・法則ならば、神話伝承世界においてもゆるぎない法則で、骨は容器に〈お籠もり〉して晴着として誕生（再生）しました。なにしろこの〈オンドリ雷神〉を中軸とする伝承世界のあまたの構成員は、すべからく〈オンドリ雷神〉に倣おうとしています。わたくしはこのような伝承世界を〈伝承曼荼羅〉と呼んでいます。

ここで思い出していただきたいのは、『酉陽雑俎』の「葉限」が、「金をさらうのが上手」（原文「善淘金」）だった点です。わたくしはこの「善淘金」という三文字を段成式氏が書き留めてくれていたことに感謝する者ですが、それは決して偶然ではなかったのです。

砂金が激しい流れに押し流されて来る源には金鉱山があり、銅鉄なども含有した鉱山もあったと思われます。これらを精錬してできた製品は多く農具で、製鉄によった農耕は従来とは比較にならぬほどの高い生産性をもたらしました。農作物の万年豊作を人々はどれほど願ったことでしょう。神話伝承世界でも鉄打つ〈オンドリ雷神〉は至高神として君臨しています。〈オンドリ雷神〉は他の神々を率いて雨を降らし、農作物を豊作にし、心根の良い人々を助け、そして人類の祖をヒョウタンに入れて授けてくれました。中国の〈伝承曼荼羅〉は、そのために〈オンドリ雷神〉のこの世を鉄鍛冶によって、言い換えれば鉄鍛冶文化によって豊饒にしようとするもくろみが、色濃くにじみでています。

§〈お籠もり〉する神

大事なことは、中国の神話伝承世界には、こうして再生したのは「神」であるという、観念があることです。それは、洪水神話が一言でいえば「人類起源の物語」であるとすると、その神話は、「天神がこの世に人類を伝えようとして」、もしくは、「天神が人間の犯した何らかの所行に怒って、人類の総入れ替えをもくろんで」、大洪水を発動しますが、その際、「用意周到に天界の一組の天子と天女を選んでヒョウタン（瓜）に入れて落とす、洪水が退いて大地が現れると、ヒョウタンから現れた天子と天女が、この世に人類を伝える」、という物語です。ヒョウタンのような容器に〈お籠もり〉して現れるのは、神の御子、すなわち天子と天女でした。

中国の少数民族の多くは、始祖はヒョウタンから誕生したと信じて、ヒョウタンを祭壇に祀っています。自分たちの始祖は竹から誕生したとして、竹を信仰し崇拝している民族もあります。このようにみてくると、容器から誕生した（甦った）シンデレラは、とうていただの市井の娘とは思えません。彼女は神聖を身に帯びた神女、女神である、と推しはかることができるのです。

日本でも、ある選ばれた人が祭りで神役を務める場合、水垢離のような水の浄祓力による禊ぎを行ったりもしますが、より大変なのは、日常生活の場から離れて、精進堂とか精進宿、お籠もり堂などと呼ばれる場所に籠もって、別火の生活を送ることが要求されることです。どこか身を置く場所に籠もることが大事なのです。この籠もった場所（容器）から現われた瞬間、その人は村人から神様と遇せられます。ご本人もこれまでの自分とは違って、あたかも神様になったような気分になるそうです。したがってわたくしも、容器に入っていることを〈お籠もり〉と呼ぶことにしています。

シンデレラは彼女自身が容器（水、土、竈も含めて）から出現した時点で、霊性をそなえた女神であると、みなされたと思われます。人々が願う豊かな暮らし、豊饒をもたらす神、すなわち豊穣の女神として、一身に期待を担っているのでした。

§継母の難題

継母（女主人、長姉）がシンデレラにいいつけた難題には、

大籠一杯のカブラの種を一粒残らず拾う

灰に一升のソバをまいて一粒残らず拾うという〈種拾い〉の難題と、

大籠一杯の小麦とソバを混ぜて選り分ける

ゴマ五斗と大豆六斗を混ぜて選り分けるという〈種の選り分け〉の難題

がありました。そこでこの〈種拾い〉と〈種の選り分け〉を、少数民族の習俗に探してみましょう。

雲南省の哀牢山麓の傣族《タイ》は、「死者を火葬にして柩が燃え始めると、死者の長男が天に向けて穀物を炒った〝穀物の花〟をまき散らす。すると血縁の大勢の男子はひざまづいて

争って穀物の花を拾う。これはあの世に行った死者からの贈り物で、穀物（主にお米）が豊作になるようにという予祝。だから多く拾い集めた者がより多くの吉祥を得るとされる」という、日本の焼き米神事のような葬送儀礼があります。きっと穀物は〝一粒残らず〟拾い集められたことでしょう。

雲南省の傈僳《リス》族は、「一人の巫師が経文を唱えると、もう一人の巫師が死者が生前に作った穀物（カボチャやトウモロコシ、ソラマメ……）の種をヒョウタンを逆さにして撒く。すると親族たちは争ってあたりに飛び散った種を拾う。神から授かった種だから、この種を畑に撒けば、来年は数倍の収穫がある」とされる。ここでも種は〝一粒残らず〟拾い集められたに相違ありません。これが〈種拾い〉の意味と思われます。

継母が「灰にソバ」をまぜ、「小麦にソバ」をまぜ、「ゴマに大豆」をまぜる行為については、こんな習俗もありました。雲南省麗江地区永寧の納西《ナシ》族は、「収穫後に各種の穀物を少しずつ炒って、部屋の内外

と家の周りの田圃に撒く」。こうすれば来年の穀物は必ず豊作になると信じられています。また雲南省の拉祜《ラフ》族は、「祭りが終わると、村人たちは村の中央の稲籾を入れた籠からひとつかみの稲籾を持ち帰って、種まきの時に種のなかにまぜる」のだそうです。こうすれば豊作が約束されるのです。

このような習俗は種の中に稲籾をまぜる、幾つかの穀物をまぜて炒ることが、豊作の保証であることを教えています。継母が灰の山にソバをまぜたり、小麦とソバをまぜたり、ゴマと大豆をまぜたりしたのも、豊作を祈る儀礼であったのかも知れません。ただ、幾つかの穀物が混じっていたとしても、いざ種まきとなれば、やはり〈種の選り分け〉が必要でしょう。ソバ畑にエンドウ豆が生えてきては、面倒です。

このような継母の難題も、穀物の豊年満作、穀物倉いっぱいの豊作を祈念したものだったのです。そしてシンデレラは、〈種拾い〉〈種の選り分け〉という面倒な難題をみごとに

果たしました。豊穣の女神なら、来年の数倍の収穫を保証できるのでした。

§籠の水汲み

継母はシンデレラに水汲みをいいつけますが、渡された桶の底には穴があいていた、竹で編んだものだった、という場面も、わたくしはとても気にかかります。

雲南省の彝《イ》族の葬儀では、巫子が、

篩《ふるい》で水を汲めるなら、死んだ魂も来られよう

藁灰で縄をなえるなら、死んだ魂も帰れよう……

などという「招魂詞」を唱えます。もしも篩で水を汲んで来られるのなら、死者の霊魂も戻って来られるだろう、というのですが、篩で水を汲むのはほとんど不可能ですから、死者の霊魂は決して戻って来ることはありません。

広西壮族自治区の毛南《マオナン》族も、墓地に柩を

担いで行き、そこで三回まわって、霊魂に方向を見失わせると同時に、一、二、三つまみのゴマを撒いて、「ゴマを一粒残らず拾ったら戻っておいで」といいます。これは死者の霊魂に絶対に戻ってくるなという強い呪詛になります。どのみち死者の霊魂は、一粒も拾うことはできないのですから。それは結局は死者の霊魂のためで、霊魂は祖霊が集まる祖地をめざして、未練なく直行することとなるのです。

四川省涼山彝《イ》族の巫師は、病人のために病人の体内から鬼《き》を除く術をほどこす時に、

鬼め、そこで待っていろ！

竹籃に水を盛ることができたら戻ってこい

と念じます。もちろん竹籃に水を盛ることが出来るわけもなく、したがって鬼は病人の体に戻ることはできません。病人はきっと快癒することでしょう。

中国の神話伝承世界を見渡すと、籠や籃、篩で水を汲むことができるのは、天神（雷神）と観音様（魚籃観音）、それにシンデレラでした。この難題の場面でも、シンデレラは竹籃での水汲みをやりとげました。どうやらシンデレラは、ただの市井の娘ではないどころか、天神や観音様にも肩を並べるような神、豊饒の女神なのでしょう。

§あばた

わたくしがもう一つ気にかかっているのは「あばた」です。

1と5　朝鮮族の「孔姫と葩姫」の葩姫はあばた

6　壮族の「達稼と達侖」の達侖はあばた

7　蔵族の「巴尓布の三姉妹」の長姉はあばた

でした。いずれも灰かぶりを顎でこき使う娘です。

実はこのあばたは、中国の神話伝承世界ではとても特異な地位にあります。たとえば貴州省の苗《ミャオ》族の『苗族古歌』（苗族叙事詩）の「運金運銀」という段に、

妞剛淑《ニウガンシュウ》は顔じゅうあばた

彼女に言い寄る者は一人もいない

誰が彼女を娶ったかって？

銀の高炉が娶ったよ

という一節があります。妞剛淑《ニウガンシュウ》は註に「ある金属を擬人化した名であろう」とありました。天の銀の高炉（溶鉱炉）にお輿入れする金属花嫁の顔は、あばたでした。あばたは金属の精錬に関係するのです。

同じ『苗族古歌』の「妹榜妹留《メイパンメイリウ》」（始祖母の名）の段では、

娘阿莎《ニャンアシャ》はね　生まれた時は　髪はぐちゃぐちゃで
顔は黒い斑紋のあばた（略）
妹榜妹留はね　生まれた時には　髪はぼさぼさで
顔は黒い斑紋のあばた（略）

とも唱っています。娘阿莎は註によると「最も美しい娘、美女の象徴で、清水の娘」とあります。湧き出る泉、清水は金属の精錬には欠かせません。始祖の女神と泉の女神が、そろってあばたなのでした。

雲南省の哈尼《ハニ》族には「あばた三百粒は土鍋三個分の金銀」という俗信があります。あばたの価値は金銀よりも高くて、「あばたは貴顔」なのでした。

大小涼山（四川省涼山州と隣接する雲南省麗江地区一帯）の彝族の英雄叙事詩『支格阿龍《チコアロン》』（英雄の名）は、

山の人々がおかしな病いにかかったよ　一番やっかいな病気
ポツポツあばたになる病気

雷は〝抜哈《ポハ》〟（蟒蛇）が効くといって天に行き
蟒と蛇の骨を取って来た

と唱っていました。雷神（天神）はあばたになる恐ろしい病気の処方箋を知っているのです。雷神は天地を創造した鍛冶神のこと。洪水を起こすのも、この世に人類の始祖をもたらすのも、作物を豊作に稔らせるのも、どれもみんな雷神の胸三寸にある至高神です。

このようにあばたは、金属の精錬や水のコントロール、始祖女神などと深い関係にありました。金銀の価値をはるかに上回り、わけても鉄打つ雷神（天神）とも密接にかかわっているのです。

そういえばかつて日照りが続くと、あばたの人を竈の端に座らせ、頭に楊柳の籠を伏せて、寡婦が頭からひしゃくの水をかけつつ、「大地を流れるような大雨が降りますよ」と唱う、という雨乞いを行った所もありました。前述の「シュー・テスト」で中国には「雨乞いして雨が降るは子宝を祈るに通じる」という観念があるとお話ししましたが、あばたにも雨との密接な関わりがみられたのです。あばたは雨を呼び、子宝ももたらす。思えばそれは人々の願う豊かさと響き合うものでした。

ちなみに神話伝承世界には、あばたがあふれています。豊作をもたらす翁媼（神）や働き者の嫁、心やさしい娘、龍女、後に皇帝になる人物（南詔《なんしょう》王国の国王など）や歴史上の英雄（鄭成功など）、英雄叙事詩の英雄（支《チ》格《コ》阿《ア》龍《ロン》など）など、みなさまうちそろってみごとなあばた。あばたはまさしく貴顔でした。そして彼らはみな人々に豊かさや穏やかさ、豊穣、安定、安心、幸福、安泰といった安寧を与え、授けていたのです。

「シンデレラ」ではあばたの娘はシンデレラではなく、シンデレラに反感を抱き、対抗心を燃やし、そのあげくにシンデレラを死に至らしめる対立者でした。それも一度ならず幾度も。恐らくそれは、中国の「シンデレラ」の成立が、「あばたは貴顔」という思想が人々の心を満たしていた時代をどこかにおいてきてしまったころであったためかと思われます。どのみち長ーい物語で、原初からは遠く隔たった時代のものです。語り手はシンデレラをあばたにはしたくなかったのでしょうし、聞き手もシンデレラがあばたでは、承知しなかった、そういう〝新しい時代〟だったということでしょうか。

§ 豊穣と反豊穣

葩姫や達命、それに長姉は、シンデレラをこきつかい、いじわるをする、ここまではよくある話。シンデレラと彼女らとの間には、心優しいに対して意地悪、働き者に対して怠け者、美しいに対して醜いなどの、相対立する要素を探すことはできます。

けれどもシンデレラを水に突き落として水死させる、シンデレラが小鳥によみがえると殺してスープにし、地面に撒く、シンデレラが木によみがえると伐ってしまい、根こそぎ掘り起こす……のように、よみがえっても殺しよみがっても殺す、という場面は、女どうしの嫉妬心を表しているなどと軽くすますわけにはいきません。このうち続く殺戮とよみがえりの場面からは、シンデレラに徹底的に敵対する彼女らの姿があります。

シンデレラはこれまでみたように、水神たる牛神の援助を得て、〈種拾い〉や〈種の選り分け〉をやりとげ、幾つも〈お籠もり〉をおこなって再生し、竹籃の水汲みも完成させました。作物は緑豊かに稔り、子宝を得て一族は繁栄しました。豊饒の女神の仕事です。

ところがこのシンデレラの前に立ちはだかったのが、対立者たちです。いわばシンデレラを豊穣の女神としたならば、対立者は反豊穣、凶作の悪神のような敵対者であるとみることもできましょう。

『酉陽雑俎』の「葉限」では「継母と娘は飛石に直撃されて死」にました。このような「石で打ち殺す」や「馬尾に縛って引きずり殺す」「牛の皮袋に入れて日照り殺す」「牛の皮袋に入れて河に投げ込む」などは、支配者が勝手に制定した死刑です。たとえばかつての四川を例にとると、これらは支配階級であった土司《どし》の成文法でした。恐らく長姉や義姉妹たちは豊穣や豊かさ、安寧に鋭く対立する者であるからこそ、むごすぎるような極刑を甘んじて受けなければならなかったのでしょう。怠け者、心根が悪いなどというだけではとうてい与えられるはずのない残酷な死を。

　小澤俊夫先生も「メルヒェンでは主人公の命を奪ったり、狙ったりした者は最後には抹殺されなければならない、ということは鉄則なので、姉たちとまま母は厳しく罰せられましたという言葉は必要です」と考えておられます。後の方で紹介する「猿と蟹」でも、佐渡の語り手の松本スエさんが、なぜサルを殺さねばいけないのかな、という問いに、間髪をいれず「当たり前だ、サルの奴は殺さねばなんね」と答えられた通り、神話伝承世界では悪いことをした者にはそれ相応の罰を与えられるのが法則でした。なぜならそれが、人々の願いだったからです。

白雪姫

グリム童話の「白雪姫」では、継母の王妃（初版本では実母）が、「鏡よ鏡、この国でいちばん美しいのはだれ？」と聞くと、鏡が、「白雪姫は、あなたより千倍も美しい」と答えたから、嫉妬に狂いました。王妃は、「白雪姫を殺して肺と肝臓を持ち帰れ」と狩人に命じ、叶わなかったと知ると、いくつもの山をこえて、鉱石や金を掘る七人の小人の家に行って、白雪姫に毒リンゴを食べさせました。ひとりの王子が白雪姫のガラスのひつぎを召使いたちにかつがせると、やぶに足をとられてよろめき、そのひょうしに、毒リンゴのひときれが白雪姫ののどからとびだしました。二人の結婚式に招待された継母は、鏡に、「わかい女王は、あなたより千倍も美しい！」といわ

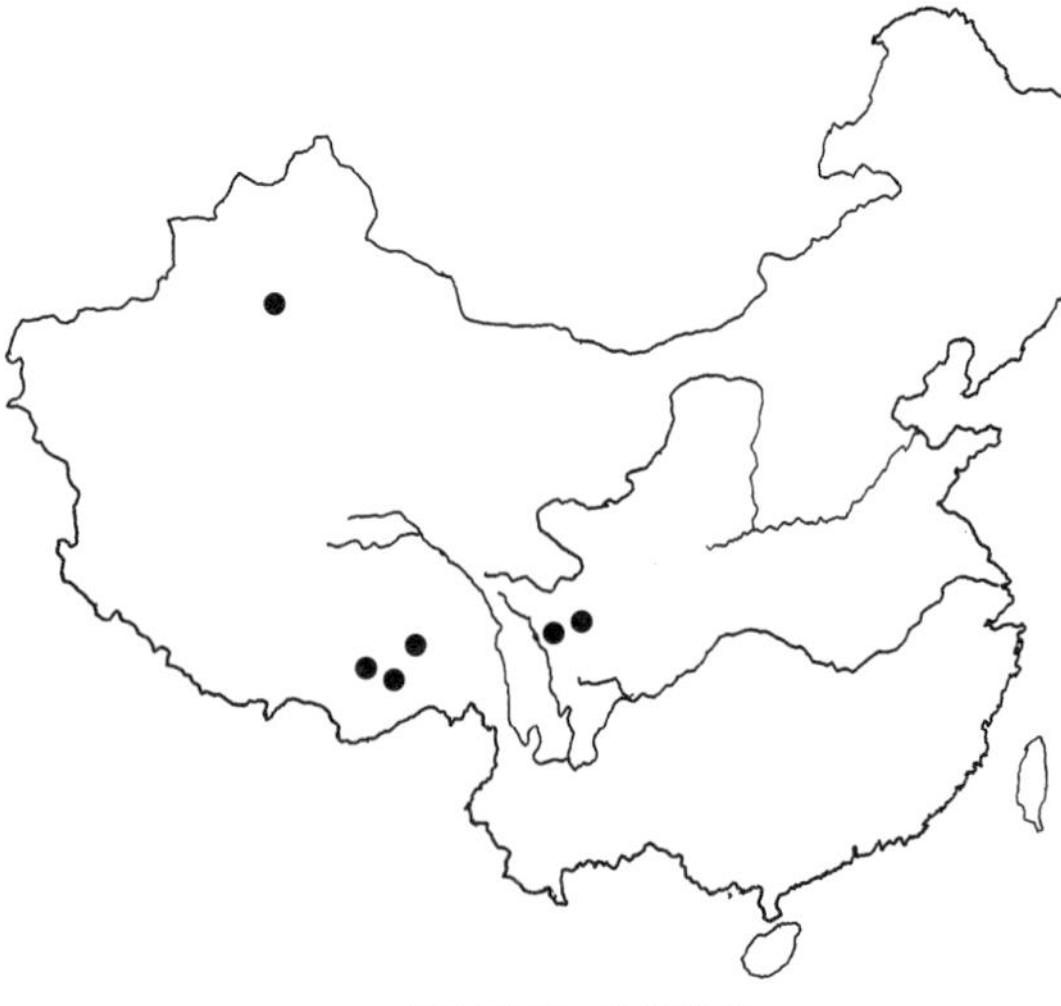

「白雪姫」の伝承地

れ、ねたみ心にかられてやってきました。「そして、わるいおきさきは、まっかに焼けた上ばきをはかされ、それをはいておどらされました。おきさきの足は、ひどくやけどをしましたが、たおれて死ぬまで、ダンスをやめることは、ゆるされませんでした」。
わたくしは中国の「白雪姫」をいろいろ探しているうちに、「白雪姫」を語っている伝承を、蒙古族の中にみつけました。けれども、それまでにたとえば、
継母が「白雪姫を殺して肺と肝臓を持ち帰れ」と命じる場面
「鏡よ鏡、この国でいちばん美しいのはだれ？」と鏡に問う場面
白雪姫が毒リンゴを食べさせられて人事不省になり、リンゴのかけらが口からとびだした場面
のうちの一つ、もしくはいくつか語っているものを、とにかくカードには執っておいたのです。これらが果たしてグリム童話の「白雪姫」とかかわりがあるのかどうか、どの程度関連するのか、分からないのですが、わたくしの思いもつかない、何か重要なヒントが隠れているかも知れないと期待して、あえてここに紹介することにしました。
はからずも、いずれも継母（母）の極端な嫉妬心、敵対する家への極端な敵愾心がひきおこした物語という点では、共通していました。

1　さすらう娘　オイラート蒙古族

オイラートは蒙古高原の西部から東トルキスタン（新疆維吾尔自治区）の北部にかけて広く居住していますが、これは西蒙古の蒙古族とされている新疆維吾尔自治区のオイラート人の伝承とありました。オイラートには蒙古族の英雄叙事詩として名高い「ジャンガル」（江格尓）があり、その初め吟遊詩人たちによって口頭で吟唱され伝えられてきたものとされています。

二人の息子と一人の娘のいる狩人がいた。ある日、狩人は見たこともない大きな鳥を仕留めた。背負うと翼が地にひきずるほどの大鳥だった。家に着くと、村の女シャーマンが、「その大鳥の心肝には毒がある。鍋を別にして煮ればよい。わたしが呪文を唱えてお祓いすれば食べられる」という。狩人は大鳥の心肝を取り出し、鍋を分けて煮た。そこへ外で遊んでいた子どもたちが駆け込んできて、一人が心臓、一人が肝臓を食べようとした。母はあわてて止めたが、少しづつ食べてしまった。二人は痰を吐き、一人は金貨を、もう一人は銀貨を吐いた。女シャーマンが来ると、母は残った心肝を渡し、「息子たちが食べてしまった」といった。「まだお祓いをしていないのに食べてしまったとは。彼らは疫病神に変じ、人や家畜に疫病をふりまく。彼らを殺して心肝を煮て、わたしに渡せ。お祓いして食べれば疫病の流行は止められよう」。母は「代わりにわたしたち夫婦の心肝を！」と哀願するも、「お前たち夫婦の心肝を食べて何になる。二人を捕らえよ」。

これを耳にした末娘が兄たちに、「逃げて」と教えた。兄たちは妹に皮袋を取ってこさせ、「お前が一人残ったとしても、これで食べていける」と金貨と銀貨を袋一杯吐き出した。妹は金銀の入った袋を岩の下に隠して家に戻ると、女シャーマンが、「小娘がしゃべったから兄たちは逃げた。あの小娘も殺せ」と両親に迫った。妹は兄たちの逃げた方向へ駆け出した。

厳しい冬に、深い森林に迷い込むと小屋があった。テーブルには料理が並んでいる。娘は料理を食べると、坐りこんでしまった。そこは狩人の小屋で、戻ってきた狩人たちは娘の境遇に同情し、自分たちの妹にした。娘は毎日炊事をして暮らした。

一方、女シャーマンは大鳥の心肝を呑むと、娘を追って密林に入って小屋をみつけた。軒下で服を縫っている娘を見ると、男に変じて、「おやさしい娘さん、水をください」。娘が水を与えると、リンゴを取り出して食べさせた。娘が昏倒したのを見届けて、その場を立ち去った。帰ってきた狩人たちは、人事不省の娘に驚いた。水晶で柩を作ると、山の頂上に石屋を建てて安置し、そのてっぺんに常夜灯をつけた。

道に迷った若い狩人がかすかな光を頼りに近づくと、水晶の柩に美しい娘が眠っている。若者は娘が好きになり、真夜中に柩ごと背負って帰って、父母に分からぬように隠した。両親は息子が日に日にやせていくので、息子が狩りに出ている間に息子の部屋に入って、水晶の柩の美女をみつけた。夫婦が柩を部屋の外に運び出そうとすると、娘の口からリンゴのかけらがほろりと出て、娘は生き返った。両親はそれはかわいい娘と思うものの、なぜ娘がこんな形でここにいるのか、首をかしげるばかり。リンゴのかけらを犬に投げると、犬は毒に当たって死んだ。帰ってきた狩人はそれは喜こび、これまでのことを話した。両親は娘との結婚を許し、やがて赤児が生まれた。

女シャーマンはこれを知って、娘の殺害を企てた。夜、若い狩人の留守中に、娘は鍵をかけるのをうっかり忘れて寝てしまった。女シャーマンが来て赤児を殺し、赤児の心臓と腎臓を取り出して、その血を娘の手足と口に塗りつけ、刀を置いて逃げ去った。

翌朝、夫婦は嫁はやはり妖怪が変じたのだと思い、赤児の屍を抱かせて追い出した。娘は泣きながらさまよった。泉で水を飲もうとすると、死んだ虫を背負ってきた小虫が背中の虫を泉ですすいだ。すると小虫は生き返ったではないか。娘は息子に試してみると、息子もよみがえった。

娘は子を連れてさすらい、ある家の下働きに雇われて数年。息子も成長した。ある日主人たちが、「よそから来たあの二人の青年は、大変な弓の名人だ。弓の試合が楽しみだね」と話しているのを聞いて、兄たちかも知れないと思い、「誰でも出られるのですか」と聞いてみた。「誰でもよい。わしらの村には制約はない」「わたくしでもよろしい？」と重ねて聞くと、主人は壁に掛けてある弓と靫《ゆぎ》を取って、「これを引いてごらん」と渡してくれた。娘がぐっと引き絞ったから、主人は、「これは男でも難しいのに」と驚いた。「父は勇敢な狩人で、わたくしも子どものころから弓矢を学んでいました」と説明すると、「試合に出てよろしい」と主人。

翌日、娘は男装して試合に出かけた。鹿の群れが駆けてくると、弓の使い手たちはいっせいに矢を放った。三頭の雌鹿が遠くへ逃げていくと、二人の弓使いが追って行って二頭を射た。逃げて行った一頭には、妹の矢が命中した。人々は三人を囲んで褒めそやし、三人とも試合の優勝者となった。兄たちは自分たちを驚かす腕前の弓の使い手を、妹とは気づかなかった。妹が兄たちの名を呼ぶと、その声で妹と分かり、三人は抱き合って泣いた。

三人はあの女シャーマンを捕らえようと、探しに行った。紅柳の根元で捕らえて、寄ってたかって棒で刺して殺した。

妹は兄たちを主人の家に伴い、それから息子と夫の狩人の家に戻って、これまでのいきさつを話した。夫を伴って深山に入って、小屋の狩人の兄たちとも再会した。こうして三兄妹と息子は、いっしょに故郷に帰って行った。老いた父母は子と孫に再会し、金銀一杯の皮袋を掘り出して宴を開いた。一家は幸せに暮らした。

（原題「流浪姑娘」托・巴達瑪整理『西蒙古―衛拉特伝説故事集』一九八九年　甘粛民族出版社）

グリム童話の「白雪姫」の王妃は、ここでは女性のシャーマン。シャーマンは自ら森の小屋を訪ね、毒入りのリンゴを娘に与えて、人事不省にさせてしまいます。ガラスならぬ水晶の柩に入れられた娘は、柩が動いた拍子にリンゴのかけらがぽっと出て、目を覚まします。「白雪姫」の王妃は真っ赤に焼けた鉄の靴をはかされて、死ぬまで踊りますが、女シャーマンも棒を打ちこまれて死ぬという最期をとげます。（兄弟の）心肝を取れと命じる場面もあったから、これは「白雪姫」の主要なモチーフをなぞるように語っているといえましょう。

なお、リンゴの原文は「野果子」（野生の果物）です。新疆維吾尔自治区には中国一広い野生のリンゴ畑があるので、野生の果物をリンゴと訳すのが最も自然と思われました。

紅柳は御柳《ギョリュウ》、タマリクスのこと。細く涼やかな針状の葉をぎっしりつけた細い枝が垂れ、全体をおおうようにピンク色の小花がやわらかく咲く、耐寒性の落葉樹。オアシスの周辺に群生し、緑の少ない乾燥した大地では、壁を強くするために塗り込めたり、燃料にもなる貴重な植物です。むかし、楊貴妃がこれを都に移植させ、柳の簾越しにながめて故郷を思ったという伝説があり、それで「紅柳」と呼ぶようになったそうです。
兄妹の父親は音に聞こえた狩人、その息子たちと娘も負けず劣らずの弓の名手ぞろい、逃げ込んだ森の小屋の住人も狩人たち、夫となった若者も狩人でした。狩猟民族の面目躍如の舞台設定です。

2　隅南熱巴《ユイナンロパ》の故事　門巴《メンパ》族（隅南熱巴は王子の名）

これは西藏自治区林芝地区墨脱県の門巴族の間に伝わる物語です。門巴族は中国領内には七〇〇〇人ほどの人口しかありません。けれども林芝地区の林芝は「花がいっぱい咲く広場」という意味だそうで、だから世界の屋根と称されるヒマラヤの高い山から降りてきた人々にとって、ここはそれは美しい楽園のように見えたことでしょう。それでさまざまな昔話も豊富に集まりました。これもその一つです。

ヒマラヤ山の南麓の小さな王国に、勒格《ロコ》という王がいた。王妃は亡くなり、竹瑪《チュマ》という王女と隅南熱巴という王子が残された。王は之烏南《チウナン》という大臣を供に狩りに出て、日が暮れてしまった。あたりに家らしい家はない。そこへ美しい娘が現れた。大臣の目には魔物と映ったが、王は一目でのぼせあがり、家臣たちの反対をよそに王妃に迎えてしまった。

この継母は不治の病を装って、「わたしの病は子の心臓を食べない限り治らない」といった。父王は娘の心臓を与えようというと、弟王子は、「姉の心臓には毒がある」と姉をかばった。これを知った姉王女も弟をかばった。大岩の陰から飛んできた人が姉弟を花園に隠して、熊の心臓を差し出した。ところが魔物は、窓から花園でぴんぴんしている姉弟を発見してしまった。王妃が、「本当の人間の心臓でなければ治らない」と重ねていうので、王は、「息子の心臓を与えよう」という。高山の森から飛んできた人が姉弟をトウモロコシ畑の番小屋に隠して、狼の心臓を差し出した。魔物は南側の窓からみていて、遠くのトウモロコシ畑の二人を発見してしまった。「人の心臓を食べないと死んでしまう」と王妃。王は姉弟を川辺へ連れて行かすが、使者はためらった。すると川から上半身は人間、下

半身は魚の姿の生母が現れて、魚の心臓をその場に残し、二人を遠くへ逃がした。二人は逃げて逃げて、隣国の王の土地へ着いた。弟は喉がからからで、小屋の前に坐っている婆《ばあ》に、「水を」と頼むと、婆は、「ちょうど水はなくなった。これで泉から汲んでおいで」と竹筒を渡した。姉が水くみに行って戻ると、弟の姿はない。だまされたと気づくもあたりに人影はなく、弟はきっと命を落としてしまったと泣いた。姉は小さな祠を三つ建て、そこで毎日経を念じ祈りをあげて暮らした。

魔物に連れ去られた弟が心臓をえぐられようとすると、狩人が来て、弟を樹の洞に逃がした。狩人は実は天神からつかわされた神人で、これまで二度、姉弟の危機を救っていた。神人は、「帰る家がないのなら、わたしのところに住んだらよい」と、弟を連れて帰った。弟に狩りや農耕、さまざまな技術を教え、起死回生の法術や災厄除けの法術も教えた。こうしていつの間にか十年という月日が流れ、弟は屈強な若者に成長した。弟は姉探しと魔物退治の旅に出た。自分が魔物に連れ去られた場所に来ると、三つの祠が

鍾阿誠（絵）

建っている。近づくと、思いがけず姉がいた。姉弟は再会を喜ぶ間もなく、母が自分たちを逃がしてくれた川辺に行き、大声で母を呼んだ。現れた母の下半身を、弟は法術でもとに戻した。

三人が急ぎ故郷に向かうと、故郷の風景はいっぺんしていた。魔物の仕業に違いなかった。その上、魔物は臣下の子らを喰い、父王の最後の一滴の血をすすっていた。父が王妃の正体に気づいた時には、すでに遅かった。弟は法術で父を救い、魔物を部屋に閉じ込め、五人の神の力添えで魔物を射殺した。その場に髑髏がころがった。弟は人々に推されて王となり、国を良く治めた。

（原題「隅南熱巴的故事」陳景源、張江華捜集整理『民間文学』一九八三年第八期）

姉弟にとっては継母にあたる美しい王妃は、恐ろしい魔物でした。神人が姉弟の心肝の代わりに熊や狼の心肝を渡しても、魔物はたちまち二人の姿を発見します。弟が法術使いに成長して臨終の父を救い、母を元の姿に戻す、という場面などは、西南部や華南部の農耕民の影響よりむしろ、西欧のメルヘンに近いように思われます。

「継子の心肝を食べれば病気が治る」という門巴族のモチィーフは、華中部の湖南省の土家族《トゥチャ》が伝える洪水神話の中にもあります。鉄を食う乱暴な六人兄弟の行く末を案じた母が病気を装い、息子たちに、「雷様の心臓を食べれば治る」といいます。息子たちがどれほど乱暴者でもまさか雷様にまでけんかを売るはずはないと、母は思ったのです。ところが兄弟は聞くなり、「雷神を捕らえるなんて鶏を捕まえるより簡単さ」と跳びだしていき、捕らえてきた雷神を見ると、なんとオンドリの姿。雷神は激怒し、天に帰ると大地を水底に沈ませる大洪水を起こした、という神話です。結局オンドリも心臓を食べられることはありませんでした。

3　茶と塩の物語　蔵族《チベット》

四川省甘孜蔵族自治州徳格県の蔵族の村で一九五八年に採集され、佟錦華氏により記録、翻訳されました。徳格県は西蔵自治区に隣接しており、古来四川省とラサを結ぶ古道がありました（現在の川蔵道路）。十五世紀ころより小王国によって治められ、チベット仏教の経典を印刷する拠点があっ

て、〝文化の古城〟と呼ばれていました。ちなみに蔵族の英雄叙事詩「格薩尓《ケサル》王伝」の、格薩尓の出身地として有力視されている土地柄です。

その川の両岸には、いつのころからか敵対している二つの部落があった。双方の土司《どし》（封建領主）が往来を禁じたために、川の両岸にわたしてある溜索《リウスオ》（すべるロープ）は、むなしくぶらさがっていた。

東の女土司《どし》には三男一女があり、娘は美梅錯《メイメイツオ》といって、幼いころから東側の土手で羊の群を放牧していた。西の土司には文頓巴《ウェントエンパ》という息子があって、西側の土手で牛馬を放していた。二人はしだいに歌い交わす仲になり、水の浅いところでいっしょに放牧し合い、夕暮れになると、ようやく分かれるのだった。

ある日、手を洗っている娘を見て、召使いが新しい腕輪に気づいた。お嬢様に婚約者ができた、おめでたいことと思って、女土司に告げた。女土司が娘を問い詰めると、娘は恥ずかしそうにありのままを報告した。女土司はよりによって仇の家の息子などとと思って怒りが爆発しそうになったが、ぐっとこらえ、あたりさわりのないことを聞いて娘を部屋に帰した。娘は母が文頓巴との仲を認めてくれたと思って、うれしかった。

翌朝、娘が放牧に出ると、女土司は長男を呼び、強い毒薬に浸した矢数本と弓を渡して、

「行け、妹の後をつけて、文頓巴といっしょだったら射殺せ。そして血のついた矢を見せよ」と命じた。長兄は弓矢を受け取りはしたが、どうしてかわいい妹の恋人を射られようかと思い、その足で村のぐるりを回ってカラスを射て、その血をつけた矢を母に渡した。ちょうど牛乳の桶を運ばせていた女土司は、血のついた矢尻を桶に入れてかきまわすと牛乳は黒く変わったから、人の血ではないと知り、「わたしを騙したね、出て行け」と叫んだ。

翌日、女土司は次男を呼び、同じように言いつけた。次男は弓矢を持って妹が羊を放牧している所に行ってみると、妹が寄り添うようにしている文頓巴のりりしいこと。とても射る気になれず、カササギを射て血のついた矢を母に渡した。女土司はこんども試してみると、人の血ではなかったから、次男を打ち据えてたたき出した。

三日目、女土司は三男を呼んで弓矢を渡し、「これで文頓巴を射よ。兄たちと同じようにしたら、毒矢に当たるのはお前だよ」。弟は母の剣幕に恐れて、そっと妹の後をつけ、放牧しているところを大樹の陰から見張った。先に来ていた文頓巴は妹の姿を認めると、牛馬を追いながら歌いかけ、妹も歌い返した。川岸で妹が肩を寄せた時、ピューッと毒矢が若者の太腿にささって昏倒した。妹はさっと身をかがめて矢を抜くと、それは母が強い毒薬に浸して隠し持っていた矢だった。まるで自分の胸を射られたような痛みを感じて、文頓巴に覆いかぶさって泣いた。

赫紅章（絵）

弟は毒矢を拾うと、飛ぶように帰っていった。気がついた文頓巴は、「大丈夫、太腿を射られただけだから、じきに治る」と慰め、馬を牽いて来てもらった。馬の背に這い上がるのに手をかした妹は、「この世でいっしょになれないのなら、あの世できっと夫婦になりましょう」と心に誓って、文頓巴を見送った。初めのうちはすっくと坐っていた文頓巴は、とうとう馬の背にうつぶせになった。傷は深いと知って、妹は目の前が真っ暗になった。

妹は毎日文頓巴のことが気がかりだったが、何の音沙汰もなかった。

七日目の朝、美梅錯が川に水くみに行くと、向こう岸に水をくんでいる老人がいる。妹は土司の息子文頓巴の傷はどうかと歌いかけてみた。「傷は深い」と老人。「わたくしにできることがあるか」と歌うと、老人は、「山頂で天を祀ればよい。煙が教えてくれよう。白い煙が多ければ良い知らせ、黒い煙が多ければ悪い知らせ」と歌う。妹は急いで山頂に登って天を祀ると、白い煙黒い煙が半々。ところがしだいに黒煙が多くなり、七日目には黒煙があたりを覆った。

火葬の日、美梅錯は盛装しアクセサリーで飾り、酒と油の桶を用意して二人の召使いに、「これまでわたくしたちは姉妹のようだった。どうぞわたくしを助けて欲しい」と頼んで運んでもらい、用意の袋を背負って、女土司の目を盗んで対岸の火葬場に急いだ。

そこには葬送の人々が幾重にも輪を作っていて、入り込む余地がない。娘は背負っていた袋からたくさんの瑪瑙《めのう》や珊瑚《さんご》などを取り出して、「ちょっと通してください。文頓巴のところに行かなきゃいけないの。ここに瑪瑙も珊瑚もあるわ」と歌って、ばらばらと撒いた。輪の外側がばらけて、皆宝石を拾いだした。こんどはラマ僧たちが火をとりまいて、経文を唱えている。娘は袋から法鈴や法鼓などの法具を取り出して、「道を空けて、文頓巴に合わなきゃいけないの。ここに法鈴も法鼓もあるわ」と歌って、法具を撒いた。ラマ僧たちがわらわらと拾っている間に、娘は中へ。火葬のまわりには土司の家族と家臣たちがいた。娘は袋から剣と速射銃を取り出して、「そこを通して、文頓巴に合わなきゃいけないの。ここに宝剣と銃があるわ」といってその場に放ると、家臣たちは争うように奪い取った。美梅錯が焚きつけの山に駆け寄ると、酒と油の桶を持った若い召使いたちも続いた。

文頓巴はすでに荼毘にふされていたが、不思議なことに、屍は何かを待っているかのようにきれいだった。「文頓巴、心残りなのね。真珠と瑪瑙をあげましょう。わたくしはもういらない」と、娘は髪飾りをつかんで火に投じた。それでも屍は燃えない。娘は絹の衣装と羊皮の上着を投げたが、それでも燃えない。娘は召使いを振り返り、「わたくしを助け出そうとする人がいたら酒をかけて。水をかけろと騒ぐ人がいたら油をあけて」と命じると、「文頓巴、いつまでもいっしょよ」というなり、火に跳び込んだ。周囲の人々は、「水をかけろ」と叫んだり助けようとしたり、大騒ぎになった。召使いたちがぱっと油と酒を投じると、火は勢いよく燃え上がった。

女土司は娘が火葬場に行ったと聞くと物も言わずに駆けつけたが、人混みをかき分けた時にはすでに、二人は灰になっていた。「死んでもいっしょにするものか」と怒り、文頓巴家の者に、「文頓巴が嫌いなものは」と聞くと、「蛇です」。「うちの娘はカエルが嫌いだった。蛇とカエルをつかまえよ」と命じた。女土司が捕まえた蛇とカエルを遺灰のなかに放つと、不思議なことに、まじっていた遺灰はたちまち二つに分かれた。蛇をさけたのは文頓巴の遺灰、カエルを避けたのは美梅錯の遺灰だった。こうして分かれた遺灰は、それぞれの岸に埋葬された。

ほどなく、美梅錯を埋めた所からは真っ赤な大輪の花が咲く木が生え、文頓巴を埋めた所からは黄色い大輪の花が咲く木が生えた。二株の花は風に吹かれて、まるで互いに呼び交わすようだった。人々は若い二人の生まれ代わりに違いないと言い合った。女土司は、「その木を斬れ」と命じたが、翌年、同じ場所に二株の木が生え、梢の小鳥が川を隔てて歌い交わした。女土司は小鳥を射よ、木を斬れと命じた。

美梅錯と文頓巴の霊魂は、「わたしたちは茶と塩になって、いつまでもいっしょにいましょう」と誓った。文頓巴はチベット地区の塩湖の塩に、美梅錯は漢族の地域で茶の木に変じた。

蔵族にとって茶と塩はふだんの生活に欠かせないもの。さすがの女土司にも、これ以上二人を引き裂く方策はなかった。人々は酥油茶《スーヨウ》（バター茶）を飲むたびに、若い恋人たちを偲ぶのだった。

（原題「茶和塩的故事」『蔵族民間故事選』一九八〇年　上海文芸出版社）

記録翻訳者の佟錦華氏は、「翻訳に当たって、格桑居冕氏（蔵族）が徳格県（旧更慶郷）で記録した資料（蔵文）と、七耀祖（蔵族）、祁連休両氏が雲南省中甸で記録した資料（漢文）などを参照した」と付記しています。わたくしの手元には、蔵族の「白雪姫」の類話が四川省と西蔵自治区から二話づつ、計四話が集まっています。けれども佟錦華先生の付記によれば、四川省から雲南省北部の蔵族の間にはまだいくつもの「白雪姫」が語られていることが分かります。いずれも「茶と塩」(塩と茶)の物語です。

寒冷地にある蔵族の地域では、青稞《チンコー》というハダカオオムギが作られています。このハダカオオムギを炒って粉にした麦焦がしを糌粑《ツァンパ》といいます。茶葉はできないので四川省や雲南省の緑茶をレンガ状に固めた茶(団茶、磚茶)を入手して削り、鍋で渋みがでるまでぐつぐつ煮出します。これを筒状のドンモという攪拌器に入れ、ヤクの乳で作ったバターと岩塩を加え、攪拌棒を差し込んで上下して脂肪分を分散させます。これが酥油茶(バター茶)です。不足しがちな脂肪分と塩分、カロリーを補給し、それに暖もとることができます。

わたくしは四川省阿壩蔵族羌族自治州馬尓康県のチベット族の村を訪ねた折、縁台でバター茶をごちそうになりました。この地に下放したことのある友人が、お手本を示しました。少人数だったために攪拌器は使いません。友人は茶碗にバターと塩を入れて熱い湯を注ぎ、そこにツァンパをたっぷり入れると、湯に浮いているツァンパを人差し指で少しづつ浸していき、茶碗を回しながらだんだんと三本の指で器用にこねています。やがて塊になると、一口の団子にして食べるのです。わたくしも見よう見まねでやってみましたが、ツァンパを湯に浸すことすらなかなか難しく、悪戦苦闘しました。これがチベット族の主食で(これもツァンパといっているようです)、磚茶を用意すればそのまま携帯用にもなる便利な食品です。このように「茶と塩」は蔵族にとって切っても切れないものでした。

「溜索《リウスオ》」は橋を架けることもできない深い渓谷を渡る〝すべるロープ〟のことで、蔵族の居住地や雲南省怒江地区の傈僳《リス》族、怒《ヌー》族の居住地にみられます。ロープを川の対岸の崖に固定し、往復二本のロープを並列して張ります。凹形をした溜板（すべる板）をロープに引っかけ、麻縄か皮縄で自分の腰をくくりつけて、あおむいた姿勢で溜板を握り、足をロープにかけ、対岸に向かって滑っていくのです。ロープが体重によって水平になったら、手足を使って岸まで伝っていくという、見るだけでも恐ろしい吊り橋です。へたをすると波濤の底に沈んでしまうのですから。

「山頂で天を祀る」は、柏樹《コノテガシワ》の常緑の枝を積み上げ、ツャンパ（もしくは五穀）を捧げて水を数滴ふりかけて燃やします。幸せと平安を祈る祭天の習俗です。

「土司」は封建王朝が少数民族地区を支配する場合、言語も風俗習慣も違うので直接統治は難しく、それでその地区の首長に世襲の官職を与えて間接に統治させた政治制度で、西南地区では女性の土司も珍しく

はありませんでした。

4　茶と塩の故事　蔵族

これは一九五一年に発表された、わたくしの「白雪姫」のカードの中で一番古いものです。これより更に古い『西藏風俗志』に掲載された汪今鸞氏の訳文を元に、任家麟氏が文を書きました。

二つの地区に酋長の家が二軒あった。両家の男女は相思相愛の仲だったが、娘の母親は快く思わず、何とか仲を裂こうとしていた。

二人は毎日家畜を放牧していたが、その二人の間を一本の河が隔ていた。

ある日、娘が川向こうの酋長の息子を呼ぶと、息子は河の水を鞭で打った。水は二つに分かれ、息子は川底をこちら側に駆けてきた。二人はいっしょに坐り、いっしょに放牧し、いっしょに食べて、誰も二人の仲を裂くことはできなかった。その夜、娘が家に戻ると、母親が、「どうしてこんなに遅くなったのか」と聞いた。「家畜が丘の間を駆け回って大変だったの」と娘は返事をした。翌日、母親は召使いたちに、丘をこなごなに打ち壊させた。麦粒より大きな土塊がないように。その日も娘は放牧に出て、また遅くなって戻って来た。母が訳を聞くと、「牛が石壁をぐるぐる回って、追いつくのが大変だったの」。そこで母親はまた召使いたちに命じて、石壁をこなごなに打ち壊させた。麦粒より大きな塊がないように。翌日も娘は放牧から遅く帰ってきた。そして、「牛が木の間を回って、なかなかいうことを聞かなかったの」といいわけをした。母親はこんども召使いたちに木を伐らせた。麦粒よりもこまかく刻ませた。

翌朝、息子の母親は息子に牛の放牧をいいつけ、娘の母親は娘に家で髪を洗わせた。洗っていると、上着のまくりあげた袖のポケットから男用の腕輪が落ちた。間が悪いことに、母親が見とがめて腕輪を拾い、「あの酋長の息子と腕輪の交換をしたのか」(婚約したのかという意味)と詰問した。娘はだまっていた。

母親は長男を呼び、あの酋長の息子を殺せと命じた。長男は弓矢を持って山に入って酋長の息子を見つけた。けれども殺すつもりはなく、カラスを射て、血のついた矢を母親に渡し、山中を駆け回って彼を射た時の様子を話した。「確かに射殺したようだが、二階の仏間のラマ僧にみてもらおう」。僧侶がみると、「これは人の血ではなく、カラスの血だ」という。母親は次男を呼んだ。次男もあの酋長の息子を殺す気はないから、息子に「傷を負ったようにぴょんぴょんと下山せよ」と言っておいてカササギを射ると、その血のついた矢を母に渡した。母親はまたラマ僧にみてもらうと、僧侶は「これは人の血ではなく、カササギの血だ」と言った。

母親は三男を呼び、「あの酋長の息子を殺さなかったら、お前の命はないと思え」といった。三男は弓矢を持ってでかけ、酋長の息子の所に行った。兄たちと同じ気持ちだったが、殺さなければ自分は生きていけないと思って、心を鬼にし、目をつぶって矢を放った。その矢は息子の太腿にささった。三男は戻って血のついた矢を母親に渡した。母親はラマ僧に見せると。「これは人の血だ」といったので、母親は喜んだ。

傷ついた息子は病床に伏して、起き上がれなかった。娘は傷が心配で、河に水汲みに行くとそのまま河を向こう岸に渡った。息子は「大丈夫だよ」というので、涙を拭きながら戻って来た。翌日、また様子を見に行くと、息子は、「傷はたいしたことはないが、明日の朝、もしも黒雲が屋根を覆っていたらわたしの死は近い、白雲だったら傷はよくなっている」という。娘は泣きながら戻り、翌朝水汲みに行きがてら屋根をみると、黒い雲にどっぷり覆われていた。娘はうちのめされたが、母親は歓喜した。

葬儀の日、母親は娘に一番きれいな服を着るように言いつけた。娘は言われた通りにしたが、召使いたちに甜油《ティエンヨウ》（ドレッシングの一種）と牛油の桶を担がせて火葬場に伴った。火は三重に囲まれている。最前列は僧侶、次は年長の男性、そして年長の女性である。

娘は一番外側で、「おば様たち、この世でわたくしほどつらい目にあったものはいない。どうぞ通してください」と叫んだ。女たちは道を開けた。「おじ様たち、この世でわたくしほどつらい目にあったものはいない。そこを通してください」と叫ぶと、男たちも道を開けた。娘はこんどはラマ僧たちに、「法師様、この世でわたくしほどつらい目にあったものはいない。どうぞ通してください」と叫ぶと、僧侶たちも道を開けた。

屍はまだ焼けきらず、黒くなっていたが、それからどれほど油を注いでも焼けなかった。娘が帽子を火に投げ入れると、ぱっと炎がたった。靴を投げ入れると、炎は更に高くなった。上着をくべ、召使いたちに、「わたくしが火に身を投じたら、体に油をかけてください」というなり、火に身を投げた。召使いたちが命じられた通りにすると、ほどなく娘の体と恋人の屍は激しい火に包まれた。

娘の母親が、「二人を引き離せ」というと、息子の母親が、「どうやって分けるのか」。娘の母親は、「あんたの息子は何を怖がっていた」と聞くと、「蛇」という答え。娘の母親は、「うちの娘はカエルが嫌いだった」。そこで息子の家族は蛇を、娘の家族はカエルをつかまえてきて遺灰に放つと、息子の遺灰は蛇を避け、娘の遺灰はカエルを避けて、二つに分かれていった。両家は二人の遺灰をそれぞれ河の両岸に葬った。ほどなく遺灰の上に二本の大樹がのび、枝は河の中ほどでからまった。娘の母親は不機嫌になり、木を伐り倒した。けれどもそこから二本の背の低い木がはえ、それぞれ一羽の小鳥がとまって河を隔てて呼び交わした。息子の母親は、「小鳥は二人の生まれ変わりか」といった。娘の母親はひどく腹立たしくて、息子にあの小鳥を射よと命じた。息子は二羽の小鳥を命令通りに射落とした。

二人の恋人たちは、「わたくしたちをどんなに引き離そうとしても、その手にはのらない」とうなづきあって、一人は茶畑に行き、一人は塩井に行くことに決めた。

こうして誰でも茶を飲めば、茶になった若者と塩になった娘は茶碗の中でいっしょになることができるのだった。

（原題「茶与塩的故事」『民間文芸集刊』第三冊　一九五一年）

5　塩茶の故事　蔵族

四川省成都の西南師範学院（現西南師範大学）中文系康定采風隊が甘孜蔵族自治州康定県の蔵族の村で、一九五〇年の八月一日から九月三日まで二十話を採集したうちの一話。中文系は国文学部に当たります。康定は甘孜州の州都で、海抜二五〇〇メートル。成都とラサを結ぶ茶馬古道の東ルートで、民謡「康定情歌」で知られています。

いつの世のことか、どこの土地のことかとんと覚えていないが、流れの急な河の両岸に二軒の家があった。右手の岸の家には権勢のある土司《どし》が住んでいた。彼には三男一女があり、娘は烏敏曲《ウーミンチュイ》といった。十八歳のこの娘はそれは美しく、天女より聡明で純真だった。彼女の織った腰帯は、孔雀も顔を赤らめるほどだったし、一晩で三〇〇頭の乳牛の乳を搾ることもできた。

河の左手の岸の家には、呉底木《ウーティム》という貧しい若者が住んでいた。幼い頃に父母を亡くしてさんざん辛酸をなめ、たくましくさわやかな若者に成長した。力も強いが、とりわけ弓にかけては百発百中の腕前だった。勤勉で善良な若者は、毎日乳牛を放牧していた。この乳牛は作男をした代金としてもらったものだった。作っているハダカオオムギはまるで犬の尾のように太く、糌粑《ツァンバ》の香りは両岸にたちこめた。

烏敏曲は肥えた羊の群れを追いながら、山歌（民謡）を歌っていた。向こう岸の若者も歌っている。とりわけ悠揚とした笛の音が、娘の胸に響いた。朝から夕暮れまでずっと聞き惚れていて、いつしか二人は河を隔てて歌い交わすようになった。二人の心は赤い糸で結ばれていった。若者は太い綱を向こう岸に投げ、両端を二本の大樹に繋いで、猿のように渡って来た。呉底木と烏敏曲は満開の花の咲く岸で、楽しく過ごし、夕暮れが迫ると名残を惜しむのだった。

二人の仲はやがて土司の耳に入った。土司は娘を呼び、「毎日帰りが遅いようだが」と聞いた。娘は、「お父様、羊があちこちで草を食むから、一頭一頭集めるのが大変なの」。土司は何も言わなかったが、召使いに草原の草を刈れと命じた。翌日も烏敏曲は遅く帰ってきた。土司がわけを聞くと、「草原には草がなかったから、羊を山まで追って行って、たくさんの木を一本一本回らなけりゃならなかったの」と娘は答えた。土司は召使いに山の木をすべて伐り倒させた。それなのに娘の帰りはやはり遅かった。土司はすでに真相を知っていて、娘を激しく問い詰めた。「わしの娘は格式高い家に嫁がせる。貧乏人とは永遠に釣り合わぬ」。土司は娘をじろりとにらんで、「呉底木がどれほどの結納をくれるのか。牛羊数一〇〇頭か、バター茶や塩、茶（レンガ状に固めた磚茶）を山ほどか」というと、娘を暗い部屋に閉じ込めた。

呉底木が乳牛を追って川岸に来ると、娘の姿はない。笛を吹けども山歌を歌えども、何も返ってこない。次の日もその次の日も、歌は返ってこなかった。しばらくして、ようやく烏敏曲が閉じ込められていることを、風のたよりで知った。

二人は互いに相手を思い、いつか会える日のことを思って歌うのだった。

土司は権勢のある家に娘を嫁がせるつもりだが、それにしても呉底木が邪魔だった。そこで召使いに呉底木を射殺し、その血のついた矢を見せよと命じた。召使いは川岸に行ってみたが、自分と同じ貧しい若者と知るととても殺す気にはなれず、カラスを射て戻って来た。土司は矢をみて喜んだが、ラマ僧は、「これは人の血ではない、カラスを射たのだ」といったから、土司はその召使いを鞭打った。こんどは羊飼いの老人に、呉底木を射殺せと命じた。羊飼いが川辺に行くとがっしりとした精悍な若者がいて、それが貧しい孤児だったから、殺すに忍びず、野兎を射て戻ってきた。ラマ僧は今度も、「人の血ではない、野兎の血だ」といったから、土司は羊飼いの老人をたたき出した。最後に長男をよんで、「息子よ、仇敵の呉底木を射ころせ」と命じた。長男は川岸に行くと、呉底木に矢を命中させて、得意になって戻ってきた。

毒矢は呉底木の胸を刺し貫いた。山々に囲まれた土地のどこに医者がいようか、貧しい家に誰が薬を届けてくれようか。烏敏曲へ伝言する人をみつけるのがせいぜいだった。

烏敏曲は涙が止まらず、なんとかしてここを出ようとしたが、ただ星を見上げて呉底木のために祈るしかなかった。

二日たって、土司の、「あいつは死んだぞ」という大声が聞こえてきた。烏敏曲は気を失い、気づいた時はすでにあたりは暗かった。娘は、「ここから出して」と大声で叫んだ。

土司は邪魔者がいなくなったから、娘を出してもよかろうと思った。娘はまっすぐ呉底木の所へかけつけたいと願った。

火葬の日、貧しい人々が呉底木の家に向かって行く。烏敏曲は早朝に家を抜け出し、人々に助けられて河を渡った。屍は火がついたところだったから、娘は三斤（一斤は五百グラム）の油をかけ、「小鳥よ、力一杯飛べ」と念じた。屍は燃え始めたが、しばらくすると消えてしまった。娘は腕輪を投げ入れて、「馬よ、思い切り駆けよ」と念じた。屍はさらに燃えたが、またしばらくして消えてしまった。娘は腰帯をほどいて、「呉底木、やすらかに行きなさい、わたくしの心は永遠に変わらない」と心で叫んで投げ入れた。屍は更に燃えたが、やはり消えてしまった。烏敏曲は声を放って泣き、「雪山の雪は永遠に溶けない、たとえ溶けてしまっても、氷がある。氷と雪はいつだって雪山でいっしょ。泉の水は永遠に枯れず、泉の源は決して絶えず、恋人がわたくしにくれた愛のように。大河の流れは絶えず、神山の柏木《コノテガシワ》は永遠に緑。わたくしの呉底木よ、わたくしたちも永遠にいっしょ」と歌った。

烏敏曲の涙は袖を濡らし、回りの人々もつられて泣いた。娘はいきなり火に跳び込み、呉底木の上に身を投げ出した。火は燃え出し、あたりを赤く染めた。

これを聞いた土司はかんかんで、死してもいっしょにしてはならぬと怒った。ラマ僧が肉親の血は骨を分けると告げた。そこで彼らはなんとか骨を二つにわけて、両岸に別べつに埋めた。二人が永遠に合うことのないように、二つの塔も建てた。
二、三年たったころ、塔の先端から二株の木が伸び、次第に大きくなり、互いを見合うようになった。二羽の小鳥が巣をかけ、毎日いっしょに飛び回った。これを知った土司は、小鳥を射落とさせ、木も斬り倒させた。
二羽の小鳥の霊魂は、塩と茶になれば毎日会えるようになると相談。娘は塩に、若者は茶となった。こうして蔵族は塩入りの茶をのむようになった。彼らのあの世での幸せを祈りつつ。

（原題「塩茶的故事」『康定蔵族民間故事集』一九五九年　人民文学出版社）

6　茶と塩の故事　蔵族

これは神話学者の王堯氏が西蔵自治区に滞在中に、蔵文で書かれた書籍（原典は不明）に掲載されていた「茶と塩の故事」を訳出したものです。

古い古いむかし、大河の両岸に二つの集落があった。二つの集落は同じ河の水を飲み、同じ太陽を戴いているのに、代々仇敵の間柄だった。いつのころからなのか、どうしてそうなったのか、もう誰にも分からないのだが。

ある年、西側の部落の頭目は妻を亡くし、財力にものを言わせて、遠く離れた土地から若妻をもらった。この妻は大変な美人で、不思議な鏡を持っていた。毎朝髪を梳く時、鏡に花を挿して、「さあ、鏡よ、この世で誰が一番美しい？」と聞くと、鏡はいつも、「この世の一〇八つの国の中で、あなた様が一番美しい」と答える。こうして若い妻は、スズメのように快活な一日を過ごすのだった。

またたく間に月日が過ぎていった。

その日も若い妻は漆よりも黒い髪を梳き終えると、サンザシよりも赤い唇を開き、真珠よりも白くかわいい歯を見せて、鏡に向かって、「さあ、鏡よ、この世で誰が一番美しい？」。すると鏡は、「この世の一〇八つの国の中で、今はあなた様の娘が一番美しい」と答えた。なに、若い妻は自分の耳が信じられず、「さあ、鏡よ、もう一度言ってごらん。この世で一番美しいのは誰か？」。鏡はやはり、「この世の一〇八つの国の中で、今はあなた様の娘が一番美しい」と、繰り返した。「そんなはずはない、〝世界一の美人〟の称号は、誰にもわたさない。まして曲珍拉姆《チュイチェンラム》は実の子でもないのに」と思った。

十八になった曲珍拉姆は、それは美しかった。人々は天の虹は美しいが、曲珍拉姆はその虹よりも美しいとか、漢人の織った金襴緞子はきれいだが、曲珍拉姆はそれよりもずっとき

れいだとか、天女よりも美しいとか、口ぐちに言うのだった。

曲珍拉姆は美しいばかりか純真で、黄金よりも尊い心を持っていた。その上、機を織らせれば一日で一枚の氆氌《プル》（ヤクの長い毛を使った厚く丈夫な毛織物）を織りあげ、乳を搾らせれば、一晩で一群の乳牛の乳を搾った。

この美しく働き者の娘を若者たちが放ってはおくわけもなく、娘のゲル（定住型の天幕）のまわりには、夜な夜な口笛や歌が響いていた。けれども娘の心は、すでに一人の若者に占められていた。

娘は毎日岸に沿って羊の群を追い、山向こうの絨毯のような牧場に行った。牧場の緑は無限に広がる海のようだったし、白い羊の群は海に転がる波濤のようだった。娘は川の水を愛の証人にして、向こう岸の若者と歌いかわした。

その若者は狩人の息子の道登《タオドン》で、馬競べの優勝者。牧場を馬で四周しても、駆け出す前に入れた茶がまだ温かかったし、角を突き合わせている二頭のヤクの間に割って入って引き離すほどの怪力だった。その上信仰心も篤く、誰からも好かれていた。

娘と道登の愛は、春雷の後に萌える若草のように燃え上がった。幸せの炎が両岸を燃やした。

あの日から、頭目の後添えは鏡に問いかけようとはしなくなった。嫉妬は毒蛇のように継母の胸をかきみだし、憔悴しきっていた。美しい身体に残忍な心と汚いおもわくがまとわりついて、〝目の上のコブ〟を除く妄想にとりつかれていた。

ある朝、継母は顔を洗っている曲珍拉姆の長い袖から、彫刻した銀の腕輪がころげ落ちたのを拾って、「これはどうしたのか」と問いつめた。

「道登がくれたの」とうれしそうに答えると、「なに、あの道登だと。父母の許しもなく婚約したのか。この恥知らず。仇を好きになるとは、この村に若者がいないわけでもないのに」。継母のとげのある言葉は、娘の心に鋭い矢のように突き刺さった。「道登でなければいや」と、娘は心の中で叫んだ。

その日の朝、曲珍拉姆が羊の群をつれてでかけると、嫉妬に狂った継母は家来を呼んで、「道登とあの人でなしをこの毒矢で射殺しておいで。矢に血がついているかどうかで、お前の忠誠心がわかる」といいつけた。家来は川辺にそって行き、麓で二人の恋人を見つけた。けれども、「わたしは仏を信じる身なのに、どうして殺生ができようか。まして主人筋にあたるお方を」と思い、自分の指を噛みきって血をつけ、「ご命令通りにあの二人を射殺しました」と矢を差し出した。継母は飛び上がるほどうれしくなり、鏡の前に急いで、「さあ、鏡よ、この世で一番美しいのは誰か？」。すると鏡は、「今、世界の一〇八つの国の中で、あなた様の娘が一番美しい」というではないか。継母は怒りで真っ青になり、「よくもわたしを騙したな、この死に損ないめ」。

その翌日も曲珍は羊の群れを連れ出した。曲珍は何も知らなかった。継母は自分の息子を呼び、

「お前はわたしの子だね」「はい」と息子は答えた。

「お前はわたしの言うことを聞くね」「もちろんです」と息子。

「よろしい。さあ、この毒矢を与えよう。道登と人でなしの姉さんを射殺すのだ」。

息子は母の命令には背けず、羊の足跡を追って山に入って、楽しげに語らっている姉と道登をみつけた。息子は弓をひきしぼったものの、ふいに力が抜けた。ああ、ぼくだって同じ

若者どうしだ、あの二人をやってしまったら、これからどうして仲間に顔向けできよう、と思って、きびすを返した。途中カラスを射て、その血を矢につけ、「おいいつけ通り、やってきました」といって渡した。

「よくやった」。残忍な継母はそう言うと、いそいで鏡に尋ねた。「さあ、鏡よ、この世で一番美しいのは誰か？」。すると鏡はまたもやかたくなに、「この世の一〇八つの国の中で、あなた様の娘が一番美しい」と答えたではないか。継母はあやうく気絶しそうになった。「あんちくしょうも騙したのか」。

さらに一日が過ぎた。継母は弓矢を持ち、羊の糞を追って麓まで来た。二人は楽しそうにたわむれている。継母は憎にくしげに弓を引き絞り、彼らをねらってひょーっと矢を放った。弓弦の音に気づいた道登は反射的に曲珍をかばい、矢を受けて倒れた。

黒雲が陽を覆い、思いがけない災いが幸せを打ち砕いた。まるで大鷹が小鳥の群れを襲うように。道登は曲珍の腕のなかであえぎあえぎいった。「大丈夫だ。わたしたちの仲は誰も引き裂かれない」。曲珍の涙は糸の切れた真珠のようだった。「ああ、道登、わたくしの心はずっと前からあなたのものよ、忘れちゃいやよ」。道登はうめくようにいった。「帰ったらラマ僧に治してもらおう。明日、家のゲルに白い雲がかかっていたら、わたしは助かったということ。黒雲なら……あの世で合おう」。この時には毒が体中にまわり、二人はどうしようもない怒りを抱えたまま分かれた。

一晩中、娘はゲルのとば口に坐って東の方を見ていた。疲れを感じず、寒さも感じず、ただ白雲がかかるようにと祈るばかりだった。

夜が明けた。何と言うことか。向こう岸の道登のゲルの方向には、重い黒雲がたれこめている。それは火薬のように曲珍の心を打ち砕いた。

道登が死んだと言う知らせは、またたくまに村じゅうをかけめぐった。老人たちは眉をひそめ、子どもたちは無邪気に遊び、若者たちはゲルのなかでうなだれて忍び泣いた。河東の村から勇敢な青年猟師が一人亡くなってしまったのだ。

道登の屍を火葬する日、曲珍は父母の罵声を聞かず、人々の止めるのも聞かずに、向こう岸に泳ぎきって広場に向かった。

広場の中央には薪が組まれ、火が勢いよくおきていて、人々が何重にも囲んでいた。曲珍は一番外側の女たちに、「おかあさんたち、わたくしはこの世で一番つらい目にあいました。どうぞそこを通してくださいな」。女たちは道を空けた。曲珍は男たちにも、「おとうさんたち、わたくしはこの世で一番あわれな娘です。そこを通してくださいな」。男たちも道を空けた。内側には赤い袈裟をはおったラマ僧が火を囲んで、お経を唱えていた。道登の屍は荼毘に付されている。曲珍の悲しみはたとえようもなかった。やにわに鹿皮の刺繍靴を脱ぎ、錦の袍（大きくたっぷりした長袖長裾の上着）を脱ぐと、火の中に身を躍らせた。炎は風にあおられて三丈（一丈は約三・三メートル）の高さに燃え上がり、こうして若い二人は人生を終えた。曲珍の父母が追ってきた時は、二人の遺灰は混じり合って、分かつことはできなかった。無慈悲な継母は、「死んだって二人をいっしょにするものか」というと、道登の父親に、「生前、道登が一番嫌いだったものは何か」ときくと、父親は、「蛇だ」と答えた。「うちの娘はカエルが一番嫌いだった」というと、家来に蛇とカエルをとって来させて、遺灰の上に同時に置かせた。すると遺灰はまるで将棋の駒のように、たちまち二つに分かれた。蛇を除けたのは道登ので、カエルを避けたのは曲珍のだった。

両家は遺灰を河の両岸に埋葬した。

春が来ると、両岸から二本の柳の木が伸びた。柳の木は日ごとに育ち、河を隔てたまま、まるで橋のように絡み合った。人々はこれは道登と曲珍の霊魂の化身に違いないと言い合った。

無慈悲な継母はまたまた家来に、柳の大樹をノコギリでひき倒させた。ところが翌年には新芽が伸びて、一年一年、またもや河にかかる橋となった。無慈悲な継母は根こそぎ掘り起こして焼かせ、その灰を河に放り込ませた。柳の木の灰は流れに乗って河を下り、漢人の地区に流れ着いたものは、その地で茶の木となり、蔵族の地域に流れ着いたものは、無数の塩湖に変じた。

人々はこの悲しい物語を忘れぬように、食事にはまず茶を飲むことにした。そしてその茶には、塩を入れるのを忘れなかった。

人々にとって茶と塩は分かちがたく、茶を飲むたびに、この愛をつらぬいた若い恋人たちを偲ぶのだった。

（原題「茶和塩的故事」李翼、王堯整理『蒙蔵民間故事』一九七五年　國光書房（香港）。絵は無名氏）

西蔵《チベット》でバター茶を飲むのは、唐の皇女の文成公主が吐蕃にお嫁入りしてから（六四〇年ころ）根づいた習慣とされています。西蔵には高地のために茶の木はありません。それで昔から雲南省や四川省のほうから輸入してきました。それはわたくしたちが親しんでいるような緑茶の茶葉ではなく、日持ちのよいようにした磚茶《たんちゃ》（団茶）です。磚茶は茶を蒸して型に詰め、突き固めて乾燥させたもので、円盤状や煉瓦状など、さまざまな形があります。これを飲むだけの量をほぐして熱湯を注いだり煎じたりしてたしなむのです。軽くてカビが生えず運びやすくて、放牧生活にはとても便利です。西蔵からは馬や毛織物、薬草などを運んでいきます。馬やラバで少数民族の土地を越え、雪山や深い谷を越え、平均海抜四〇〇〇メートルのチベット高原を越えてラサに至るこの三〇〇〇キロにも及ぶテイ・ロードは、古来〝茶馬古道〟と呼ばれ、今なお修復を重ねて使われています。かつては更にインド、西アジア、中央アジア、ヨーロッパへと続く、重要な交易の道でした。この道を通ってどれほど大量の文化が往来したことでしょう。

西蔵には広い塩田があります、というと読者の皆様は驚かれるかもしれません。でも、雲南から西蔵にかけて、大昔は海の底でした。海底から隆起に隆起を重ねて今のような地形になったのですが、その名残が塩の泉です。とりわけ西蔵自治区と雲南省が隣り合う地域、西蔵自治区でいえば昌都《カム》地区に塩泉が多く、瀾滄江両岸にも多くみられます。厳しい傾斜に多くの柱を立てて平台を支えて棚田とし、この棚田に泥と砂を平らに敷いて塩井から湧く塩水を桶にとって木組の棚田に撒き、ゆっくり天日にさらして蒸発させます。通常一、二日で塩の粒が現れてくるそうです。とはいえなにしろ海抜三〇〇〇メートルの高地で、桶に塩水を汲んで更に山の上の塩田に担ぎ上げる作業は、大変な労働です。かつては男性はキャラバンに出るので、この重労働は女性の仕事。今も習慣的に女性が担っています。西蔵の人々は塩と茶を、このような物語に紡いで語り継いできたのです。

狼と七匹の小山羊

グリム童話の「狼と七匹の小山羊」は、

外出する母が小山羊たちに、「母さんが戻るまで決してドアを開けてはいけませんよ」といいつけてでかけると、狼が来る。小山羊たちは、「声が違う」「手が黒い」などといってドアを開けようとしない。狼はチョークを食べてきれいな声にし、パンの粉を前足に塗って母になりすましたので、小山羊たちはドアを開けてしまう。みんな狼に呑みこまれてしまいますが、柱時計に隠れた末っ子だけが助かり、帰ってきた母に怖かった報告をする。賢い母は糸と針を持ち、末っ子をつれて草原へ。腹いっぱいになって寝ている狼の腹を

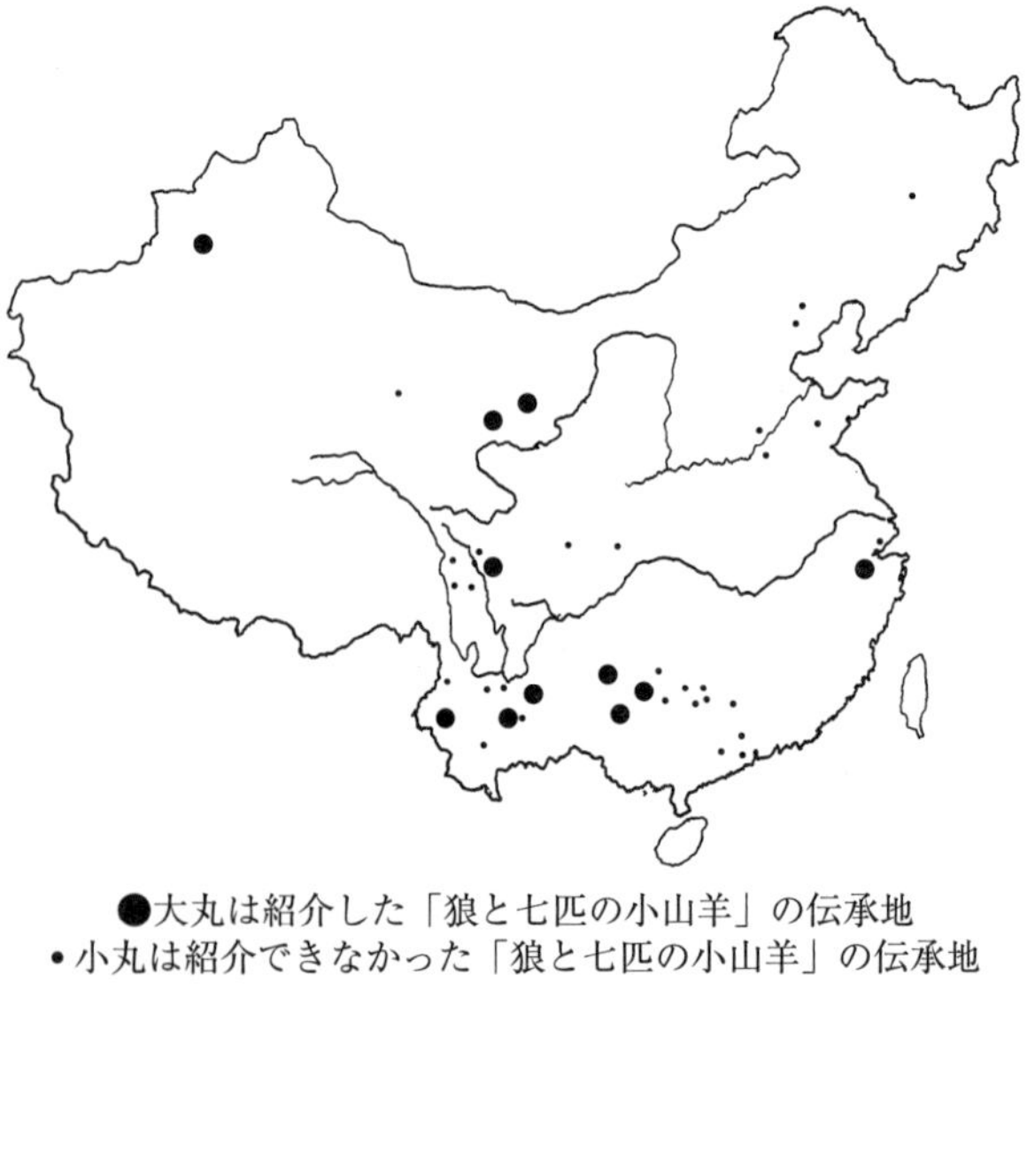

●大丸は紹介した「狼と七匹の小山羊」の伝承地
•小丸は紹介できなかった「狼と七匹の小山羊」の伝承地

チョッキンチョッキン切り裂くと、小山羊たちがとびだしてくる。母は腹に石をつめて元通り縫い合わせる。目をさました狼は、「腹がごろごろするな」と泉に向かい、水を飲もうとかがんだとたん、石の重さでバランスをくずして泉に落ちておぼれ死ぬ。

というお話です。ただ、わたくしは「狼はチョークを食べてきれいな声にする」という個所で、これはドイツの俗信かしら、と首をひねりました。ドイツ語のできる友人が『グリム童話』の原文を調べると、やはりチョークとあり、それには他の意味はないとのことでした。かくなる上はドイツ大使館文化センター図書館に問い合わせたところ、「前にも一度そのような問い合わせがあった。その時調べたのだが」と前置きして、「当時ハーネマンが著した『ホメオパシー治療薬』に、炭酸カルシウムが喉の薬であるとあり、チョークの主成分は炭酸カルシウムである」と、教えていただきました。もちろんグリム兄弟存命中の時代の医療水準です。

この話は日本では「天道様、かねのくさり」（天道さん金の綱）としても全国的に語られています。

山姥が母を喰い、母に化けて子どもたちの待つ家に来る。三人の子どもたちは、「手に毛がはえている（ザラザラしている）」「声が違う」などといって戸を開けようとしない。山姥は芋汁で洗ったり小麦粉をつけたり、蜂蜜や砂糖水、卵などを飲むなどして、再びやってきたから、子どもたちはだまされて戸を開ける。夜、末っ子を抱いて寝た山姥が何かを食べている様子。兄が、「一つおくれ」というと、投げて寄こしたのは末っ子の小指だった。兄は山姥と気づき、小便がしたいといって逃げ出して池のそばの木に登る。山姥は追ってきて、「どうやって登ったのか」と聞くので、「油を塗って」「頭を下にして」などとはぐらかす。ところが兄が、「鉈で切れ目をつけて」と教えたので、山姥は登ってくる。兄弟は上へ上へと登るが、追い詰められて天に助けを求める。すると天から金のくさりが降りてきて、天へ昇った。山姥もくさりを降ろしてもらうが、灰縄や腐った縄だったために切れたり、雷に打たれたりして、ソバ畑に落ちて死ぬ。山姥の血が流れ、それでソバの茎は赤く染まったということだ。

という物語で、「ソバの茎は赤い」という由来譚としても知られます。どうやら日本の山姥は、木登りが得意ではないようです。池のほとりの木は天と地を結んでいて、広がりをみせています。

では中国の「狼と七匹の小山羊」をみてみましょう。

1 虎婆様　漢族

これは浙江省の紹興市で採集されました。紹興は網の目のようにはりめぐらされた細い運河を、黒い幌付きの足こぎ舟がすべっている、風情ある水の都です。かつては越の国の都でした。中国を代表する文学者の魯迅の故郷であり、王羲之の蘭亭がある書道の聖地であり、紹興酒の産地としても知られています。

山の麓の家に、母が二人の娘と暮らしていた。ある日の夕方、母は祖母の家にでかけることになり、娘たちに、「虎が出るから母さんが戻るまで外にでないこと。夜も早く寝ること。明日には帰りますからね」といってでかけて行った。姉は戸を閉め、夜は食事をすませてすぐに寝た。虎は姉妹の母が祖母の家に出かけたことを知ると、暗くなるのを待って、

母の声音をまねて戸をたたいた。「だあれ」「わたしだよ」「帰るのは明日って言っていたのに、変ね」「おかあさんだよ。おばあさんがお前たちを二人にしておくのは危ないからって、帰したのさ。ああ、虎が出る……灯りを消して、目が痛い、光はだめ」。姉は灯りを吹き消して、戸を開けた。

入ってきた虎は、「酒壜を持ってきて。お尻におできができたから、腰掛けには坐れないんだよ」。虎は姉のもってきた酒壜に坐った。尾が酒壜をぱたんぱたんとたたく。「何の音」「おばあさんからいただいた大きなフナが、跳ねているの。……眠くなったよ、いっしょに寝よう」。姉が、「なぜ足に毛があるの」と聞くと、「寒いからおばあさんが毛皮のズボンをくださった」。虎は妹娘と寝た。何かかじっている音。「おかあさん、何か食べているの」「おばあさんがくださったキビ餅だよ」「わたしにもちょうだい」。虎が投げて寄こしたのは妹の小指だった。姉が、「手洗いに行きたい」というと、虎は姉娘が逃げないように、「あんたの脚絆の端をかあさんにおくれ。何かあったら引っ張ってあげよう」。姉は脚絆を解いて一方を虎に渡すと、もう一方を糞尿桶の蓋にしばり、そっと戸口を出るとまたそっと反対側から戸締まりをして、そのまま隣家に駆け込んだ。虎は姉も喰おうと脚絆を引いて、逃げたと知ってあせったが、そこから逃げるに逃げられず。夜が明けると、隣家の人々が手に手に馬鍬や鋤を持ってなだれ込んで来て虎を退治した。

（原題「老虎外婆」中山大学整理『紹興故事』民国十八年（一九二九））

おかあさんは〝母方の祖母〟の家、つまり実家（お里）にでかけました。「腰掛け」は四本足の椅子ではなくて、藁縄を三つ編みにした縄を丸く平らに編み重ねて円筒形に作った、低く背もたれのない椅子代わりのスツールのことです。中国の農村を訪ねると、どの家でもこのような椅子を勧められます。軽くて場所をとらず、火の周りに大勢が集まれる便利な椅子です。でも、虎の尾を隠すことなど、とうていできません。それで虎は高く丈夫な酒甕を要求しました。

2　悪狼を知恵で退治した三姉妹　回族

青海省西寧市一帯の回族の伝える伝承です。西寧市は青海省の省都、海抜二三〇〇メートルで、盆地のために酷暑も厳冬もない天然の避暑地。そのため近年は高地トレーニングのメッカとなっているようです。回族はイスラム教を信仰しており、寧夏に自治区をつくって集居していますが、ほぼ全国的に広く住んでいます。青海省には琵琶湖の六倍の広さの青海湖（塩湖）がまんまんと水をたたえ、長江と黄河の二つの源流も青海省の南部から発しています。

牧畜で暮らしをたてている十軒ほどの小さな山村があった。冬ともなると狼の群がやってきて、村の牛や羊が毎日のように喰われた。老狩人は若者たちを率いて山に入り、巻き狩りをして多くの狼を撃った。けれどもその中に、狼の頭の母狼の姿はない。ということは来年もどれほどの家畜がやられることか。そこで老狩人は知恵を巡らし、三人の娘を呼んで、「明日、わしとかあさんは、麓の親戚の家に行く。昼間は戸を閉め、夜は閂をかけて、誰が来ても入れるんじゃあないよ」といいおいて、出かけていった。

この機を待っていた母狼がやってきた。娘たちはぐっすり寝ていたが、母の声に灯りをつけて戸を開けた。妹たちは母にまとわりついた。〝母〟には毛むくじゃらの尾があって、狼だと分かった。賢い長女は、「お母様」と優しく呼び、妹たちにめくばせして、「お寒いでしょう。オンドルに坐ってください」。次女には「お茶を」、三女には「さっきの煮豚を」と

いいつけると、妹たちは部屋を出て行った。狼が温かいオンドルで得意になっていると、トントンと戸をたたく音。続いて、「開けてくれ」「ただいま」と、父母の声（実は次女と三女）。狼は驚いたが、何食わぬ風をよそおって、「あの子たちとかくれんぼをしているところ。さあ、かあさんはどこに隠れたらいいかい」と聞いた。長女は狼を庭の柴草の山に隠れさせた。狩人に扮した次女が来て、「寒くて凍えそうだ。お前たち、火を起こしておくれ」。三女が火種をもってきて柴草におくと、たちまち燃え上がり、中から悲鳴があがった。この時、老狩人が戻って、「家のほうで火の手が上がったから戻ってきた。帰ってこいという合図だろう」と笑った。

（原題「三姑娘計殺悪狼」朱剛、馬福海捜集整理『新疆民間文学』第八集　一九八四年七月）

3　三姉妹　東郷族《トンシャン》

東郷族は主に甘粛省東郷族自治県に多く居住しています。古くから農業と牧畜に従事しており、とりわけ養羊が重要な生産手段です。蒙古系の民族ですが、イスラム教を信仰しています。文字はもたないので、神話伝承はみな口頭で伝えられきました。「花児《ホワル》」という民歌を歌う習俗も伝えてきました。澄みきった黄河の水はこのあたりで黄土高原の黄色に染められます。

　母が三姉妹に留守番を言いつけて、お里に帰って行った。このあたりは木に登れず、寒いのをなにより恐れる人喰いの妖怪が出るところ。母はこの妖怪に出合って、喰われてしまった。妖怪は三姉妹の家に来た。

　姉は二人の妹と逃げだし、村はずれの白楊樹《ハコヤナギ》（ヤナギ科の落葉高木、ポプラと同属）に登った。妖怪は、「降りて来い」と叫んだ。そこへ若くりりしい大力士が通りかかり、妖怪に、「あの三人は狐の化物だ。うちには三人のかわいい子がいる。よければ寄って行くかい」といって妖怪を背負い、娘たちには、「家にお帰り」と声をかけた。けれども娘たちは若者について行った。家に着くと、妖怪は、「寒い寒い」といって、若者の家の冷たいオンドルに坐りこんでしまった。若者の目配せで、娘たちは干草や枯枝、牛糞をせっせと集めた。若者がわざと水桶を倒したから、火はなかなかつかない。妖怪はたまらずに若者と場所を交換し、オンドルの火口に陣取った。火はめらめら

と燃えだし、妖怪は焼死した。

（原題「三姐妹」自祥捜集整理『東郷族民間故事集』一九八一年　中国民間文芸出版社）

この人喰いの妖怪は東郷語の音を映して「毛速木悪魑《マオスムオチ》」と表記されています。妖怪は変幻自在で木に登れず、寒さを最も恐れると説明されていました。すると中国の妖怪の系譜には他に強風をおこしながら飛び、寒さなどどこ吹く風の蟒古思《マンクス》のような妖魔と、太陽を見て高笑いをし竹筒で対抗される山姥のような妖魔がいるようです。なお、乾燥した牛糞は貴重な燃料になります。

4　悪さをする熊の物語　撒梅人《サメイ》

撒梅人は彝族の一族支で、雲南省昆明市滇池地区の阿拉郷に集居しています。これは森里布卡村で採集されました。撒梅人は昆明の最古の原住民といわれ、すてきな〝鶏冠帽〟が知られています。オンドリのトサカの形を強調した美しい刺繍帽で、娘たちがハレの日に被ります。オンドリの声で人々が目覚め、敵から村を護ったという民話が伝わります。

村はずれの山頂の松林近くにある石造りの家に、母と三人の娘が暮らしていた。農繁期になって、母は遠い麓の畑に稲の刈り入れに行き、家では三姉妹が留守番をしていた。寝ようとしたころ、ドアをたたく音に続いて、「戻ったよ。開けておくれ」。次女は、「母はそんなドラ声ではないわ」「二ヶ月稲刈りしていたから、こんなに太い声になったの。寒いから開けておくれ」。末娘が開けようとすると、長女が止めた。「わたしたちは何人姉妹か。長女は何年何月生まれ。次女にはあばたがあるか。三女はいくつになったか」と、長女は矢継ぎ早に聞いた。すると、「わたしはおばあさんだよ、もう十年近くも会わなかったからねえ。おみやげを持って来たよ」。三女は戸を開けた。おばあさんの恰好をした人が立っているが、姉妹は見分けられず。灯りもないからはっきりしない。姉たちはいぶかしげだが、末娘は〝おばあさん〟の手をひいてうれしそう。〝おばあさん〟は「疲れたからもう寝よう。手足が冷たいから誰かいっしょに寝ておくれ」。そこで末娘がいっしょにふとんにくるまった。その夜、〝おばあさん〟のベッドから犬の骨をかじるような音。「何をかじっているの」と長女。「炒り豆さ」「歯がないのに炒り豆を食べているの。わたしにもちょうだい」と次女。〝おばあさん〟がよこした炒り豆は小指の骨！　真夜中、雷のような鼾も聞こえる。姉たちはそっと窓から跳び降り、雨のなかを山神廟に走った。土主爺《トゥチュイエ》が稲妻に浮かびあがった。母が常づね、「妖魔妖怪が一番恐れるのは土地爺《イエ》ですよ」といっていた土地爺に、姉妹は助けを求めた。すると目の前にやさしそうな翁が現れて、「熊妖怪を、この宝物で退治しなさい」といって小さな銅鈴を与え、退治法を教えて去って行った。

夜明け、姉妹は林のなかを探しまわって、とうとう赤い実が鈴なりのサンザシの木（紅果樹。トゲがある）をみつけた。二人は、「赤い実は甘い、一個食べると歯が一本抜けるほど」と唱いながら、どうにかこうにか登っていった。そこへ突然大きな熊が現れ、木の下をぐるぐる回って、「降りてこい、いっしょに遊ぼう」「お前はおばあさんであるものか」「いっしょに遊ぼう。その甘い実をおくれ」。長女は、「あげるから口を開けて」といい、熊の大きな口に土主爺からもらった銅鈴を投げこんだ。銅鈴は真っ赤に焼けた犂の歯に変じたから、熊はそのまま死んでしまった。

（原題「老熊作怪的故事」張福著『彝族古代文化史』一九九九年　雲南教育出版社）

著者の張福氏は昆明にある雲南民族学院（現雲南民族大学）で教鞭を執られ、森里布卡村のご出身で、村につれて行っていただいたことがあります。撒梅人の居住する村で、張福氏は「撒咪族《サメイ》」と表記されました。祖父様に当たる張弶氏（字瑤卿）は撒梅人に篤く尊敬されていた唄耄《バイマオ》（最高位の宗教者、シャーマン）で、氏によると、秋の収穫後に村人たちが浚珪《シュンクイ》土主の廟に供物を持ってお参りにやってくると、「土主の故事」を三日三晩語った、とのことです。この「悪さをする熊の物語」もそのうちの一編で、収穫祭に土地廟で村の最高の司祭によって語られたものだったのです。土主廟は堂々とした廟でした。

中国ではそれぞれの土地を管轄する神を、山頂や山中ならば山神と呼び、平地や盆地ならば土地神、その中間ならば山神土地と呼びます。けれども山神廟を山がちなところで探したら、湖に近い大木の下に祀られていた、ということもあったので、あくまでその土地の習慣によるようです。したがってこの物語の山神は、土地神とも同格の神様です。

姉妹が雨をついて山神廟に走ったのは、母に常づね「妖魔妖怪が一番恐れるのは土地爺ですよ」と教えられていたからです。〝土地爺〟は土地神を親しみをこめた呼び方で、土主爺とか土主王とかとも呼ばれて、人々の尊崇を受けています。妖怪などとうてい勝ち目がありません。

5　山姥　壮族《チワン》

広西壮族自治区金秀瑶族自治県の頭排区龍坪村の壮族の間で語られています。金秀県は中国で最初にできた民族自治県で、深い森に瑶族の五つの族支が集居していますが、少しなだらかな土地には壮族もいっしょに住んでいます。自然環境がとても良いために「長寿の郷」として全国にきこえています。

　山姥が山から人里に降りて来ると、ちょうど夫婦が用事で祖母の家に行くので、隣家の婆《ばあ》に、「今夜泊まりに来てくださいね」と頼んでいるところだった。山姥が「ハイハイ」と答えたので、夫婦は出かけて行った。その夜、姉と弟が留守番していると、山姥が、「隣の婆ですよ。目が痛いから灯りは消して」とやって来た。山姥は弟のベッドに潜り込んで、弟を喰った。それに気づいた姉は、「お手洗いに行く」といって裏庭に出て、芭蕉の木に登った。山姥が追ってきて木を登ろうとするも、つるつる滑る。姉は、「家の針を取って来て、針の先をこちらに向けて幹に刺し、それを踏んで登っていらっしゃい」と教えた。山姥は言われた通りにしたが、足が痛くて悲鳴を上げ、夜が明けると山へ戻って行った。

　あくる日の夜、姉は二階で秤の重りを引きずり回していた。隣の婆に化けた山

姥がやってきて、「何の音か」と聞いたから、「雷公（雷神）が怒っている音だ」といった。山姥にとって雷公は一番の苦手。姉が、「衣裳箱に隠れなさい」と教えると、山姥は言われた通りにした。しばらくすると、「腹がへった」。姉は、「大きな肝（レバー）がある、目をつむって口を大きく開けて」。姉は山姥の大口に真っ赤に焼けた犂の歯を入れると、山姥はそのまま絶命した。

姉は山姥を山に引きずって行って埋めた。すると三日目の朝、甕三個分のノミと七個分のカが出現した。ノミとカは、山姥が変じたものだった。

（原題「人熊婆」廖登元捜集整理『金秀瑤族自治県民間故事集成』（内部資料））

中国の女性は刺繍した美しい布靴を作ります。この芭蕉の木に刺す「針」はわたくしたちが知っている縫針ではなく、麻布を何枚も合わせた靴底を縫う丈夫で太い針のことでしょう。芭蕉樹の茎は層を成していて水分をたっぷり含んでいるので（豚が大好きです）、この針なら容易に刺すことができるのです。またこの山姥は「雷公が一番の苦手」と語るように、中国の神話伝承の世界では、悪事を働く妖怪や妖魔が最も恐れるのは、雷神（天神）です。そして退治された山姥は病原菌を運んで人々に嫌われる小昆虫に変じるという話がついていますが、ノミやカなどはまだ生やさしい。毒蛇やムカデなどに変じるという話もあります。

6　山姥を退治した娘　漢族

雲南省東部の曲靖市師宗県に流布しています。曲靖市は雲南地区と中原を結ぶ交通の要衝にあって〝雲南の喉〟と称され、雲南の政治の中心として栄えていました。支配者の爨氏一族の墓碑である爨宝子碑や爨龍顔碑などは重要な歴史の証人です。師宗県は石炭など鉱物資源も豊富です。

山に住む一家四人。父がチフスで亡くなって、母は娘二人と暮らしていた。母は用事で祖母の家に行くことになり、娘たちに、「二泊するから、戸は絶対に開けてはいけないよ。しあさって、明るいうちに戻りますからね」と言って、でかけて行った。山姥がそれを聞きのがさず、暗くなると、「ただいま、開けておくれ」とやってきた。娘たちは母がこんなに早く戻るはずはない、声も違う、戸のすきまから伸びた手は毛むくじゃら、顔も真っ黒などと言って、開けなかった。けれども山姥はいろいろいいつくろうので、とうとう姉が戸を開けてしまった。山姥は入って来るなり、「鶏が逃げられないように」といいながら、鶏を甕に入れると、その上にどっかり坐った。こうすれば、鶏が出てくる気づかいはない。妹は山姥と一緒に寝て、喰われてしまった。気づいた姉が、「お手洗いに行きたい」というと、山姥は姉の手を紐で結んだ。姉は紐を解いて犬に結ぶと、桃の木に登った。桃の実はちょうど熟れている。山姥が「わたしにも桃をおくれ」とせがむので、桃を取ってあげようといって真っ赤な火鋏をもらい、目にゴミが入るからといって目を瞑らせた。それから山姥の口から喉へめがけて真っ赤な火鋏を刺しこんだ。山姥は死に、毛辣虫《マオラー》に変じた。ちょうど通りかかった若者が、牛皮でこの虫を包んでくれたので、夫婦になった。

（原題「山姑娘智斗毛野人」黄忠堂採録『雲南民間文学集成　師宗巻』一九九三年　雲南民族出版社）

この山姥（原文は毛野人）は戸口を入るなり目にとまった鶏を甕に入れて、その上に坐りこみました。「逃げられないように」といってはいますが、どうやらこの山姥は鶏が苦手のようです。それもそのはずで、中国には普遍的に「雷神は鶏の姿をしている」という観念があります。だから山姥にとって鶏がそこらに放されているほど恐ろしい風景はないのです。

山姥は木登りができない、という点も、他の山姥たちと共通しています。おいしく熟した桃の実を、山姥は自分では採れないのですから。桃といえば、中国では「仙人の果実」

とも呼ばれる不老長寿の象徴で、邪鬼を祓うとされています。なお、山姥が死後変じた毛辣虫は、この地方では「目を刺されると視力が低下して入院騒ぎになったこともあったという虫」という註がありました。

7　山姥退治　仫佬族《ムーラオ》

広西壮族自治区河池市の羅城仫佬族自治県の東門、四把一帯に流布しています。仫佬族のほとんどはここ羅城県に居住し、主に水稲耕作など農業に従事していますが、炭鉱従業者も目立ちます。文字はもたなかったために神話伝承は口頭によって伝えられ、歌垣のような歌謡の文化も伝えています。

人喰いの山姥がいる山の麓で、母が十五歳と七つの姉弟と暮らしていた。オジの家に祝い事があって、母は姉弟に二

日間の留守番をいいつけた。「しっかりお留守番をしてね。知らない人には戸を開けてはいけませんよ。このあたりには山姥が出るからね」といいおいて、でかけていった。

するとその晩、山姥が、「お婆さんだよ」といってやってきた。姉が、「手をみせて」というと、山姥は毛むくじゃらの手を伸ばした。姉はびっくりして、しんばり棒を取って更にしっかり戸をしめた。山姥は森に行き、小鳥の卵をつぶして両手に塗って、再びやってきた。「お婆さんだよ、開けておくれ」。山姥が伸ばした手に触れてみると、つるつるだった。姉は戸を開けた。明かりをつけようとすると、山姥は、「やめとくれ、目が痛い」。腰掛けを勧めようとすると、「お尻におできができて、坐れない」というので、姉は鶏籠を渡した。姉弟はこれまでお婆さんに会ったことがなかったが、坐っている鶏籠からは長い尾がゆらゆらしている。だまされたと知った姉は、これからどうしたらよいかと考えた。

〝お婆さん〟が、「さあ、今晩は誰がお婆さんといっしょに寝てくれるかい」というと、弟が姉が止めるより早く、ふとんに入ってしまった。山姥は弟といっしょに寝て、弟を喰ってしまった。

姉は「山姥は雷公の音を恐れる」ことを思い出して、「お手洗いに行く」と声をかけて二階に上がり、碾臼を思い切り碾いた。「お婆さん、雷公が人肉を喰った奴は撃ち殺すぞ、とやって来るわ」と叫び、「雷公は米櫃は撃たないから、米櫃の中に隠れて」と教えた。それから姉は急いで階下に降りると、米櫃の蓋をしっかり閉め、熱湯をかけて弟の仇を討った。翌日の晩、二人のどろぼうが押し入った。姉が米櫃を指して金櫃銀櫃（金銀が入った櫃）だというと、どろぼうは担いで去った。蓋を開けると毒蛇毒ムカデが跳び出し、どろぼうは死んだ。

（原題「智斗婆猕」包玉堂、謝運源整理『仫佬族民間故事』一九八二年 漓江出版社（南寧））

原題の婆猕は人熊婆《レンシォンポ》のこと、とありました。人熊婆は日本の山姥のような山の妖怪です。碾臼を碾くと、上臼と下臼が摺れるゴロゴロゴロゴロという重い音がします。この山姥は雷公が撃ちに来たと思い、肝をつぶして米櫃に逃げこみました。雷神は人喰いの山姥は撃ちますが、人々が汗して作った収穫物の入った米櫃は撃ちません。これも伝承世界の法則です。それにしてもどんなどろぼうも、毒蛇や毒ムカデには降参です。

8　犬妖怪　布依《プイ》族

貴州省南西部の黔西南布依族苗族自治州冊亨県の安龍一帯に伝わります。黔西南州には布依族のほとんどが居住しています。古くから水稲栽培に従事する農耕民で、手先の器用な娘たちは刺繍とろうけつ染めにも秀でています。中国一の瀑布の黄果樹の滝は近づくと霧の中にいるようですし、裏側に回れば「水廉洞」と名づけられた鍾乳洞。カルスト地形の特徴をみることができます。水廉洞でふりそそぐ滝の水で洗った赤いりんごのおいしかったこと。

南盤江近くにある陽雀山の麓に、母が二人の娘と住んでいた。（母方の）祖父が病気になり、母は、「日が落ちたら戸締まりをして、決して開けてはなりませんよ」と言って見舞いに行った。これを家の裏に群生しているチガヤに隠れていた犬妖怪が、耳にした。暗くなって桐油の火を灯し、夕食もすませて寝ようとした時、犬妖怪が戸をたたいた。「だあれ」と姉。「お婆さんだよ。開けておくれ」「お爺さんの病気が重いのに、どうしたの」「お母さんがお前たちのことが心配だからって、わたしを寄こしたのだよ」と犬妖怪。姉は、「声がしゃがれているわ」。犬妖怪は、「急いで来たからね」。姉は母が祖母とお揃いの銀の腕輪をしていることを思い出し、「左手を見せ

て」。犬妖怪は長い腰帯の端で手をくるんで、「チガヤで切ってしまってね」。妹は閂《かんぬき》を外してしまった。犬妖怪はお婆さんの恰好をしていたが、「ハチにさされた」といって顔を隠して目だけぎょろぎょろさせている。そして、「お尻におできができたから」と鶏籠に坐ったから、鶏は大騒ぎ。すると犬妖怪は、「ほら、わたしが来たから喜んでいる」。犬妖怪は妹といっしょに寝た。すると何かを咬む音。「ソラマメをしゃぶっているんだよ」と妖怪。姉が、「わたしにも一つちょうだい」といって渡されたのを見ると、小指が二本。姉ははっと気づいて、「お手洗いに行く」と言って外へ出たひょうしに鉄の犂の歯を取り、山のはずれの棕櫚の木に登った。夜明け、犬妖怪は、「なぜ戻らなかったのか」と追ってきた。「仙桃を食べていたの」と姉がいうと、「わたしにも一個取っておくれ」。「犬妖怪に仙桃はやれない」というと、犬妖怪は原形をあらわして棕櫚の木に登ろうとするが、登れない。「家の桐油を塗れば登れる」と教えると、犬妖怪は桐油を取って来たが、よけいに滑って登れない。「目をつむって口を大きく開けていれば、一個落としてあげる」。姉は犬の大口めがけて犂の歯を振り下ろした。犬妖怪が死ぬと、一面のイラクサの原野に変じた。姉は降りられなくなった。カササギの群が飛んできて、姉の美しく刺繍した腰帯を銜えて下ろした。姉は腰帯を細かく裂いて与えた。だからカササギの首元は、今のように美しい彩りになった。

（原題「野狗精」王万芳捜集整理『南風』一九八九年第一期）

棕櫚の実はとても桃には見えませんが、夜中のことですし、どのみち犬妖怪は木に登れないのです。それよりも「仙桃」といえば、西王母《せいおうぼ》の桃園の不老長寿の桃が浮かびます。妖怪でなくともぜひ欲しいものです。日本の「狼と七匹の小山羊」では山姥がソバ畑に落下してソバの茎を赤く染めたという由来譚になりますが、布依族では山姥がイラクサに変じます。茎葉に細かいとげがあって触れれば痛みが残るので、イラクサの原野に困っている姉を、カササギの群が木の下に降ろしてくれました。カササギはカラスよりも少し小さくて頭が良く、中国語で「喜鵲《シーチュエ》」と呼ばれるように縁起の良い鳥で、鳴き声まで喜び事の前兆とされています。「七夕」で天の川の両岸に分かれていた牽牛と織女夫婦を結んだのは、カササギの群がかけた橋と伝わります。

9　妖怪と姉弟　蔵族《チベット》

四川省甘孜蔵族自治州の巴塘県で採集されました。巴塘は金沙江をはさんで西蔵自治区に隣接します。谷間にあって気候は温暖、風光明媚な盆地で、りんごの産地としても有名です。

髪を洗っていた母が、髪結いに行くので、「戸は閉めて、誰が来ても開けてはだめですよ」といって、でかけて行った。すると妖怪が、「わたしが髪を梳いてあげよう」というので、やってもらうことにした。妖怪は母から家のことをいろいろ聞き出したあげく、喰ってしまった。妖怪は母の服を着、腕輪と指輪をつけて家に行くと、「ただいま、ここを開けてちょうだい」。姉が、「手を伸ばしてみせて」というと、伸びた手は真っ黒な毛で覆われている。「母の手は白くてやわらかい」というと、妖怪は、「隙間から火をつけた枝をおくれ」。姉弟はかまどから火を取って戸ごしに投げてやった。妖怪は毛を焼き、暗くなるのを待って、「ただいま」。姉弟は戸を開けてしまう。「お腹が空いた、夕飯は何」と妖怪。姉が、「青稞炒め《チンコ》」と答えると、妖怪はすぐに持ってこさせた。弟は妖怪の前、姉は後になり、三人は川の字になって寝た。真夜中、妖怪は弟を喰った。「何食べているの」と聞くと、妖怪は、「青稞炒め」。血をすする音がするので、「何飲んでいるの」と聞くと、「水だよ」。姉は妖怪だと気づき、「お手洗いに行く」といって起きだした。妖怪は、「一人でも怖くないように縄をつけてあげよう」といって、姉の体に縄を結んだ。姉は下に降りて縄を解くと、豚の足に繋いで逃げた。外は真っ暗。姉は、「天菩薩、鎖を降ろしてください」と祈ると、金の鎖が下がって来た。姉は鎖にすがって天へ上った。妖怪は娘がなかなか戻らないので縄を揺すると、階下で豚が鳴いた。妖怪は騙されたと怒り、「天菩薩、わしにも鎖を」というと天菩薩は綿の綱を降ろした。妖怪はそれにつかまって上って行ったが、中空から落下して死んだ。

（原題「妖怪和両姐弟」四川大学中文系86級巴塘采風組記録整理『蔵族民間故事（下）』二〇〇四年　巴蜀書社）

甘孜蔵族自治州一帯の蔵族の女性は長い髪をたくさんの細い三つ編みにして結い上げています。とても面倒なので、おかあさんは髪結いにでかけました。また青稞は海抜三〇〇〇メートル以上の高地でできるハダカオオムギで、青稞畑は一面翠色に染まります。このあたりのチベット族の家は石造りの二階建てで、下に家畜や農具を入れ、二階が居住空間です。屋根は作物を干し易いように平らです。細い道に穀物を干す場所はありません。妖怪から逃げる娘は木に登るのではなく、天から降りてきた金の鎖につかまって上って行きます。日本の「天道様、かねのくさり」のモティーフと響きあっています。

10　月の中の娘　傈僳《リス》族

これは雲南省西部にある保山市の傈僳族の村で採集されました。保山市はミャンマーとの国境が近くて亜熱帯の風情があり、蘭の有名な産地で〝蘭城〟と呼ばれています。五世紀の『後漢書』に記載のある古哀牢王国の中心で、始祖王・九龍の名が今なお町中にあふれています。西南シルクロードの要衝の地です。

昔、婆《ばあ》が孫の姉弟とトウモロコシを作って暮らしていた。ある日、畑の番をしていた婆は、皮史瑪《ピシマ》という妖怪に喰われてしまった。妖怪は孫たちも喰いたいと思い、夜を待って婆の恰好をしてやってきて、寝ている弟を食べた。これに気づいた姉が「お手洗いに行ってくる」といって外に抜け出すと、妖怪も追って来た。姉は道端の梭羅樹《スオルオ》を登った。妖怪は木の下まで追って来ると上に人の気配を感じ、見上げて、「娘、どうやって登ったのかい」「鼻水と唾を木になすりつけて登った」と姉。妖怪は言われた通りにして登り始めた。姉ははっと思いついて、「お婆さん、それじゃあ登れないわ。お爺さんの長矛を真っ赤に焼いて持って来て。わたしが手を貸してあげるから」。妖怪はそれを信じて、本当に真っ赤な長矛を持って来た。姉は樹上で受け取ると、「お婆さん、目をつむって口を開けていれば登れるわ」。姉は大きく開けた妖怪の口めがけて矛を突き立てた。妖怪は悲鳴と共に死んだ。どっと噴き出した黒い血が、樹の中ほどまで達する池を作った。姉は降りるに降りられず。そこへ蛇が来た。「蛇さん。この血を吸ってくださいな。欲しい物なんでもあげるわ」というと、蛇はたちまち血を飲み干した。「お前さんのきれいな腰帯が欲しい」と蛇がいうので、姉は帯を解いて与えた。その蛇は現在の菜花蛇《シマヘビ》である。姉はほっとしたが、毎日桫羅樹の上で窮屈に暮らした。

ある日、太陽が川の水を飲もうと下りてきたが、太い体が三架山の頂につっかえてしまった。姉が、「太陽さん、体を横にすればいいわ」と教えると、太陽はようやく川の水を飲むことができた。太陽は天に帰って、「地上の優しい娘さんのおかげで水が飲めた」と報告した。月はその娘の心根を試してみようと思って下りてきたが、やはり三架山の頂につっかえた。姉は、「月さん、体を横にしてみれば」と声をかけた。月は感動して、姉を桫羅樹もろとも月に上げた。今も月にある桫羅樹はその時のもので、桫羅樹にいる娘はあの姉娘なのです。

（原題「月亮里的姑娘」盧培義整理『山茶』一九八三年第六期）

桫羅樹は中国の神話では大地の中央にあって天と地を結ぶ大樹で、太陽が毎日この木のまわりを巡るとされている神樹です。月の中にあるのは〝桂〟の木（月桂樹のこと）とされていますが、少数民族地区では桫羅樹と語る民族もあります。これは月の影の由来譚ともいえましょう。

他の「狼と七匹の小山羊」の中にこのような神話的な色彩が強い類話を探すと、保山市より北、怒江傈僳族自治州の蘭坪白族普米族自治県の那馬《ナマ》人（白《ペー》族の一族支）の「月の中の桂の木」も、母に化けた妖怪に妹を食べられ、桂の木に逃げた姉が月に助けを求め、月は銀の鎖を降ろして、「桂の木に結べ」と教え、姉がその通りにすると、月は木もろとも姉を天に引き上げます。妖怪も荒縄を伝って月に上ろうとするので、姉は鎌で縄を切る、という話（原題「月里桂樹」『白族民間故事選』）や、景頗《チンポー》族の豹の妖怪に追われて木に登った三人の娘たちが天に助けを求めると、天神が娘たちを天へ上げる。長女は太陽、次女は月、三女は星になった（原題「太陽、月亮和星星」『景頗族民間故事』）などという話もあります。それにしても豹は木登りが上手なはずですが、豹の妖怪となると木登りができないのも、昔話の法則のようです。

　さて、とても紹介しきれないのですが、その他に河北省、河南省、上海市、山東省などの漢族地域のほかに、貴州省、四川省、広西壮族自治区、雲南省などに三十数

話ありました。いずれも「猿と蟹」の伝承地域と重なる農耕を主生業とする地域です。

ついでにもう一例だけ、山姥の家を逃げ出すも追われ、何らかの方法でそれを振り切って逃げおおせるという逃竄譚を語るものがあるので、それを紹介しましょう。

11 大蘿卜《タールオポ》、水蘿卜《スイルオポ》、青釵果《チンチャイクオ》 達斡尔《ダフール》族

新疆維吾尔自治区のソビエトに近い塔城地区塔城市一帯の達斡尔族の村で採集されました。「大蘿卜、水蘿卜、青釵果」は三人の娘の名前で、大蘿卜はダイコン、水蘿卜はハツカダイコンの意、青釵果は自生の野菜の名だそうです。達斡尔族は内蒙古や黒龍江省に居住していますが、少数は新疆にも居住する、モンゴル系の民族です。

母が祖母の家から帰る途中、蟒蓋《マンガイ》に喰われてしまった。蟒蓋は母の服を着て、夕暮れになると三姉妹の家に行き、「大蘿卜、戸を開けておくれ」。長女は母ではないと思って戸を開けなかった。「水蘿卜、開けておくれ」。次女も開けなかった。ところが三女が開けてしまった。入ってきた蟒蓋はオンドルに坐って、大きなくしゃみをした。すると母の服の切れ端が飛び散った。姉たちは母が食べられたと察したが、末娘には分からず、いっしょに寝て喰われてしまった。「何食べているの。ちょうだい」というと、投げられたのは妹の指。姉たちは「お手洗いに行く」といって、母の櫛笥《くしげ》（化粧道具をいれる箱）を持って逃げ出すと、蟒蓋が追いかけてきた。櫛を投げると、一面の樹林帯になった。蟒蓋はなんとか通りぬけてなおも追ってくる。梳櫛を投げると、一面の森が出現した。それでも蟒蓋はあきらめずに追ってくる。鏡を投げると、洋々とした大海に変じた。蟒蓋は、「どうやって大海を渡ったのか」と叫ぶ。姉妹は、「お腹の皮を切り開いて腸で橋をかけて渡ってきたの」と、叫び返した。蟒蓋は自分の爪で腹を割き、腸をたぐり出して一端を大石に結ぶと、向こう岸めがけて放り投げた。自分の腸の上をのろのろと這って大海の真ん中まで渡って来た時、大空から鷹がさっと舞い降りて、蟒蓋の腸を切断した。蟒蓋はそのまま大海で溺れ死んだ。

（原題「大蘿卜、水蘿卜、青釵果」郭・巴尔登采録『拇指孩児』二〇一二年　新疆人民出版社）

中国の妖怪は雷公（雷神）を恐れ、鶏が苦手、木登りができず、寒がり、という特徴があるようです。この蟒蓋も家に押し入ると、まっさきにオンドルに坐りこみました。とにかく寒さに弱い妖怪です。中国の妖怪の中には「人をとらえると腕をつかみ、太陽を見て笑う」という習性をもつ妖怪（山姥）もいて、英雄が前もって腕に竹筒を通しておくと、妖怪は竹筒をつかんで笑っている、その間に英雄は腕を抜いて一太刀あびせる、という一群の伝承もあります。ここでは櫛笥から櫛を投げると林が、梳櫛を投げると森が、鏡を投げると海が現れて、蟒蓋の足を遅らせる逃竄譚が語られました。最後に大空に舞う鷹が、頼もしく思われます。

猿と蟹

「猿と蟹」（通称「猿蟹合戦」）はグリム童話では「コルベスどの」に当たります。コルベスどのは、鶏夫婦に加勢した猫やネズミ、石臼、鶏卵、縫針などに、次つぎにやっつけられます。家に帰ってきてだんろに火をと思って近づくと、猫に灰を投げつけられ、顔を洗おうとするとアヒルに水をひっかけられ、顔をふこうとするとタオルの中の卵が割れ、目にべっとりついて目がふさがれ、椅子に腰を下ろすととめ針にさされ、ベッドに横になると枕の中の縫い針にさされ、外に出ようとすると戸口から「うすがとびおりてきて、コルベスどのを打ち殺してしまいました」というぐあい。コルベスどのは次つぎに思いがけない攻撃に遭って、殺

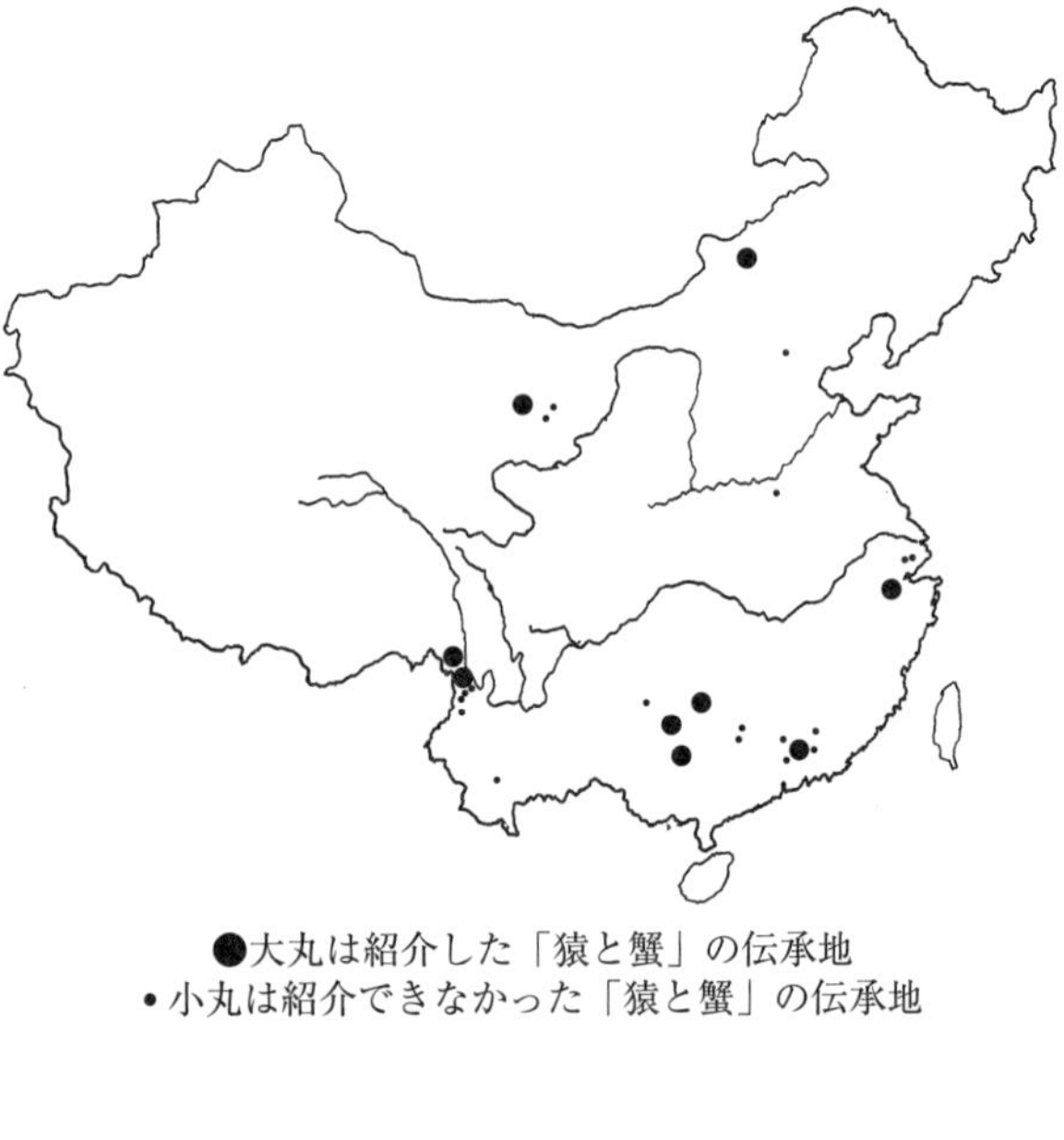

●大丸は紹介した「猿と蟹」の伝承地
•小丸は紹介できなかった「猿と蟹」の伝承地

されてしまうのです。

小澤俊夫先生によれば、「この話は、わたしたち日本人が読めばすぐに「猿蟹合戦」の後半と同じ話だなと気づきます。ところがヨーロッパの研究者の間では、コルベスさんがこれほどの攻撃の的になる理由がわからないといわれている話」なのだそうです。それは「コルベスさん」の話には、「前半がないということです。つまり、日本の猿のように、悪いことをした部分がないのです。だから何故コルベスさんがこんなに攻撃の対象になるのかわからないということになるのです」。結果的に、理由も分からず命を落とすコルベスどのには、大変お気の毒としか言いようがありません。

金田鬼一氏訳の『グリム童話集（二）』（岩波文庫）を見ると、コルベスどのについて、「コルベスさまというのは、ルブレヒト野郎とか、ブッツェマンとかいうのと似たようなもので、なさけを知らない乱暴いちずのこわい人。その姿を見ると、子どもがおびえると言いつたえられています」とありました。「コルベスさまというかたは、よくよく悪い人だったにちがいありませんね」と結ばれています。ともあれコルベスどのがどんな悪さをしたのかについては、少しも具体的ではないのです。

もちろんわたくしたちは猿がどんな悪さをしたのかちゃあんとわかっています。きっと、原理現象を明らめようとする性のある中国の昔話にしても、「悪いことをした」部分がきっちり語られているはずです。そこで中国の「猿と蟹」をみていきましょう。

1 妖魔退治 達斡尔族《ダフール》

達斡尔族は主に内蒙古の莫力達瓦達斡尔族自治旗で農耕に従事し、牧畜や漁業、狩猟も営む人々です。古くからの重要な生産活動は狩猟で、鷹狩りに長けていました。その伝統は今日までひきつがれています。この地は〝ホッケーの里〟としても知られています。なお題名の妖魔は「蟒蓋《マンガイ》」です。

大草原を一人の少年が刀を手に、牛車で先を急いでいる。耳が、「どこへ行くの」と聞くと、「蟒蓋の家。ぼくの金銀の羊踝骨（喀赤哈《コチハ》）を取り返すんだ」という。耳は、「ぼくも行くよ」「何ができるの」「どんな気配でも分かるんだ」「じゃあ、車に乗って」。男の子が耳を乗せて先を急ぐと、目や錐《きり》、鶏卵、ナマズ、赤棒、白棒、牛糞、臼たちが次々に「ぼくも、ぼくも」と加わった。みんなで蟒蓋の家に行くと、蟒蓋はよそへ金銀の喀赤哈を奪いにでかけて行って、留守だった。そこで車を柴草の山に隠し、牛を裏に繋ぐと、耳は窓を這い、目は窓の上に隠れ、錐はオンドルの敷物の下に隠れ、鶏卵は火鉢に身を伏せ、ナマズは水桶に潜り、赤白の棒は扉の背後に隠れ、牛糞は敷居の外に坐り、臼は梁にがんばった。それを見届けて、少年は刀を手に食器戸棚の陰に隠れた。

しばらくすると、耳が、「足音だ、近いよ」、目も、「見えた。来るぞ」と知らせた。蟒蓋の足音はどんどん近づいて、戸が開いた。蟒蓋は、「人臭いぞ」と言いつつ、オンドルの脇の敷物にぺたんと坐った。とたんに錐《きり》が一刺し、「痛っ」。蟒蓋はふいをつかれた。キセルにたばこをつめて火鉢に火を取りに行くと、「ぎゃあ」。鶏卵が撥ねて蟒蓋の目は灰でふさがれ、あわてて両手で目をこすりながら水甕に行くと、ぱぱぱっとナマズに思い切り顔をたたかれ、蟒蓋は口が曲がった。

蟒蓋はあごを支え、目をこすり、ふらふらと戸口にたどり着くと、紅白の棒が前から後ろから跳びだし、頭といわず顔といわずパンパンと打った。蟒蓋はこけつまろびつ敷居をまたいだとたん、牛糞を踏んですってんころりん。起き上がろうとすると、臼が上からどさっと落ちてきた。少年はもがいている蟒蓋の首に一刀を浴びせた。蟒蓋は血を流して動かなくなった。少年は金銀の喀赤哈を探し出した。力を合わせればたいしたもの。皆は喜び勇んで車に乗って戻って行った。

（原題「殺蟒蓋」銅蘇和整理『民間文学』一九六一年十二月号）

蟒蓋は「長靴をはいた猫」の項でふれたように、多頭の妖魔のことです。羊踝骨は羊のくるぶしの骨で、達斡尓語で喀赤哈といいます（蒙古語ではシャガエ）。立体の四面にはそれぞれ馬・ラクダ・羊・山羊という名があって、日本のおはじきやビー玉のようにして遊ぶ時には、面を揃えることが大切です。踝の骨をあらかじめ撒いておいて、一つ投げ上げて落ちてくる間にいくつ拾えるか、とお手玉のように遊んだりもします。出た面の組み合わせによって占うこともあるそうです。羊の左右の後ろ足に一つづつなので、一頭の羊からたったの二個。羊は一家の大事な財産なので、お祭りのような重要な行事にしか殺しません。一頭に二個しかない踝の骨は、煮こんで脂を出したらそのまま遊び道具になります。子どもたちがおもちゃを見つけたり手作りしていた時代、羊踝骨は少年たちにとって大事な玩具でした（今もそうです）。それを蟒蓋に盗まれてしまったのでは、取り返しに行かねばなりません。

2　婆《ばあ》と蟒古斯《マンクス》　土《トゥ》族

土族は主に青海省東部の互助県に居住する蒙古系の民族です。山間の谷筋に集落を形成し、主にハダカムギを作る農耕民で、牧畜も行います。鉱物資源にも恵まれ、ラマ教を信仰しています。声を高く響かせる〝花児《ホワル》〟という民謡は田畑で山道で縁日で、皆巧みに歌えるので〝花児の里〟と称されます。

婆《ばあ》はこれまで蟒古斯に夫と長女ばかりか次女までも、喰われてしまっていた。この日、婆が山仕事から戻ってみると、たったひとり残った三女の姿がない。血の跡はてんてんと山洞に続いていた。奥から蟒古斯が、「お前の娘は腹の中だ。明晩、戸を開けておけ」といってひっこんだ。婆は気が遠くなり、気づくとあたりはすっかり明けていた。婆が泣きながら家に向かうと、途中でカササギやカエル、ローラー、牛糞が、「どうしたの」と声をかけた。訳を話すと、みんな、「明日の晩、行ってあげるから、心配しないで」といってくれた。家に着くと、窓台のハサミやオンドルの上の錐《きり》、卵を盛った籠が寄ってきて、「どうしたの」と聞く。婆はまた訳を話した。翌日、婆は水甕に水をいっぱいにし、オンドルをかんかんに

起こして待ち受けた。夕方になると、カササギが来て軒にとまり、カエルが婆に、「オンドルで寝ていて」といって水甕に入り、ローラーは、「わたしを屋根に置いて」という。こんなに重いものをと思ったが、まるで綿の上着のように軽かった。牛糞は戸の陰に隠れ、鶏卵はかまどにもぐり、ハサミは枕に、錐はふとんに身を潜めた。

真夜中、やって来た蟒古斯は、温かそうなオンドルに跳び乗った。とたんにふとんに隠れていた錐にブスリ、枕に隠れていたハサミにチョッキンとやられ、あわててオンドルに近づくと卵がはじけて目を直撃され、水甕に水を求めて行くとカエルに撥ねられ、これはたまらんと逃げ出そうとすると、戸口にがんばっていた牛糞に滑ってころび、カササギに頭をつつかれ、おまけに上からローラーが落ちてきてぺちゃんこになった。婆は仲間たちの協力で仇を討った。

（原題「老阿奶与蟒古斯」王殿、馬克剛、東仁増捜集整理『土族撒拉族民間故事選』一九九二年 上海文芸出版社）

蟒古斯《マンクス》も多頭の人喰い妖魔です。婆はこれまで夫と長女、次女を蟒古斯に喰われてしまい、今度は三女まで喰われてしまいました、その上「喰ってやる」とおどされては、覚悟を決めて退治するしかありません。

この1と2だけが、「長靴をはいた猫」でふれたアーチ形の地域からみつけたものです。このアーチ形に囲まれた中原から雲南省にかけての地域からは、三十話ほどが見出せました。水稲耕作、畑作、焼畑など、多様な農耕を営んでいる人々が暮らす地域です。それらからいくつかみていきましょう。

3　桃の木の下で　仫佬族《ムーラオ》

ここでは柿の実ではなくて桃の実が、そもそもの発端になります。仫佬族は広西壮族自治区河池市羅城県一帯の山間地帯に古くから居住し、開けた平地で水稲などをつくる農耕民で、祝日のための餅米もつくります。石炭の埋蔵量が多い土地柄なので炭鉱労働者も多いのです。文字はないけれど、口頭での神話伝承が伝えられ、歌垣など豊富な歌謡文化もあります。

鳳凰山で、ウサギが桃の実を見つけて食べてみた。そのおいしいこと。ウサギは種を持ち帰って、裏庭に植えた。すると桃の実がたくさん稔ったので、ウサギは猿に、「桃を取って」と頼んだ。猿は聖母娘娘《ニャンニャン》の仙桃のような実を取ると、ぱくぱく食べ始めた。ウサギには尿をひっかけ、「明日のほうがもっと熟すから、そしたら取ってやる」と、さっさと行ってしまった。ウサギが泣いていると、亀、ミツバチ、リス、アリクイが次つぎに、「どうしたの」とやってきて、訳が分かると、「明日、いっしょに仇を討ってあげるからね」と慰めた。

翌日やって来た猿は、桃の木の根元で亀の甲に滑り、その拍子にアリクイの掘った穴に転がり落ち、起き上がろうとしたところをアリクイに尾を咬み切られ、松の木の上にいたリスには松ぼっくりをあびせられ、そこへ飛んできたミツバチに尻をさされた。猿はほうほうのていで逃げ出した。猿は大石山で一人ぼっちで住み、鳳凰山は楽園となった。

（原題「桃子樹下」呉保華、劉貫利捜集整理『仫佬族民間故事』一九八二年 漓江出版社）

この聖母娘娘はどうやら戦国時代（紀元前四〇三〜紀元前二二一年）の『山海経《せんがいきょう》』という書物に「疫病と五つの刑罰を司る」とある西王母のことと思われます。中国の神話史上最強の女神ですが、民間では親しく王母様、王母娘娘などと呼ばれて人々に尊崇されています。西王母は三〇〇〇年に一度稔るという桃園と六〇〇〇年に一度稔るという桃園、九〇〇〇年に一度稔るという桃園を持っていて、その広大な果樹園の桃の実は「食すれば不老不死」なので門外不出、厳重に警備されています。その仙桃をみごとに失敬した者がいます。ほかならぬ『西遊記』の孫悟空でした。この神話は孫悟空の物語とともに、中国では知らぬ人はいません。ウサギが丹精した桃は、猿の目には、まるで西王母の仙桃のように見えたのでしょう。なお、孫悟空は大石から誕生しました。それにちなんで、この猿も「大石山で一人で住む」ことになったようです。

4　ヒヨコの仇討ち　苗族《ミャオ》

苗族は貴州省に多く居住していますが、西南部にも広く住んでいます。山間の盆地や谷筋で畑をつくる山地民で、焼畑も行っている所もあります。焼畑を営む人々にはこれまでしばしば移動をくりかえしてきた歴史があり、山伝いにタイやラオス、ベトナム、ミャンマーへも入って行きました。彼らはその地でメオ族とかモン族とか呼ばれています。文字はない代わり、口頭で神話や系譜などを伝承しています。祖霊や精霊を崇める豊かなアニミズムを信奉し、歌垣や龍舟競渡でも有名です。鳥居龍藏氏が貴州省の集落に入って『苗族調査報告』を残しています。これは広西壮族自治区の苗族の「猿と蟹」です。

深い山で、ヒヨコたちをつれたメンドリは、うっかりイタチの巣に足を踏み入れてしまい、「逃げて！」という叫びを残して食べられてしまった。ヒヨコたちは家まで駆け戻って、泣いていた。木の棒が、「どうしたの」と聞くので、説明した。牛糞や杵も次つぎやってきて、「どうしたの」と聞くので、訳を話した。木の棒も牛糞も杵も、助太刀するよといってくれた。あたりが暗くなったころ、イタチの家に行ってみると、イタチは大いびきをかいて眠ている。杵は囲炉裏にもぐり、牛糞は入口にがんばり、木棒は屋根に登った。ヒヨコたちは戸をたたいて、「仇討ちに来たぞ」と叫んだ。イタチは火を起こそうと囲炉裏に近づくと、杵がはじけた。ヒヨコたちはまた戸をたたいた。イタチが戸を開けて一歩出たとたん、牛糞に滑って仰向けにひっくり返った。そこへ上から木棒がどさっと落ちた。ヒヨコたちはいっせいにつつき、イタチは命を落とした。夜が明けたころ、母の仇を討ったヒヨコたちは家に帰っていった。

（原題「鶏娃報仇」柯林整理『広西苗族民間故事選』一九八二年（内部資料））

苗族の娘たちの色とりどりの衣裳はそれは美しい。衣裳には祖先が踏み越えてきた山河、歩んできた苦難の道のりといった歴史が織り込まれ、鶏神や龍神、蝶やヒョウタンなどの尊崇する神々や神器が縫い取られています。髪飾りから履物まで、神話にいろどられているのです。娘たちは機織や刺繍を幼少より学び、数年かけて一枚の晴着を仕立てます。代々娘にではなく嫁に譲って決して外に出さない所もあると聞いたり、「これはお婆さんが作ったの」と広げて見せていただいたりする美しい衣裳は、〝家宝〟であると知りました。村祭りで晴れ着をまとった娘たちは誇らしく、円舞はどこか重厚です。有名デザイナーの最新ファッションを取っ換え引っ換えするのとは、文化の質的異同がありました。

5　母を救ったヒヨコ　侗《トン》族

広西壮族自治区では苗族の「ヒヨコの仇討ち」にとても良く似た物語が、貴州省に近い三江侗族自治県と、隣接する湖南省通道侗族自治県一帯の侗族の間でも語られています。侗族の山間部の集落には豊富な杉の木で建てた高層な鼓楼が目立ちます。鼓楼は祖先の霊魂の籠もる鼓を天井高く吊してある集落の精神的な支柱です。川には屋根付きの壮麗な橋がかかっています。両者ともに図面は棟梁の頭の中にあり、釘も使わない複雑なはめ込みと彫刻でできています。高度な建築技術を持つ「木の民」です。

メンドリがヒヨコたちをつれて餌をつついていた。山姥（原文は鴨変婆《ヤービエンポー》）がじっとヒヨコをねらった。気づいたメンドリがヒヨコをかばって、山姥につれ去られた。ヒヨコたちは母を救おうと、決起した。栗や蟹、牛糞、勾藤刺《コウトンツ》（鋭い棘をもつ植物）、大きな（はかりの）分銅、杉の古木の太い切株が、次つぎ加勢に加わった。夕暮れ、みんなで山姥の家に行って、門前で策を練った。栗は囲炉裏に陣取り、蟹は水瓶に入り、勾藤刺は（背もたれのない）腰掛けに上がり、それぞれが身を潜ませた。一方捕らわれたメンドリは、「わたしは産褥熱だから、今は食べない方が良い。病が治ってもう少し太ってからでも、遅くはない」とさとした。山姥はそれもそうだと思って、喰うのはもうしばらく待つことにした。

山姥が昼寝をしていると、ヒヨコたちが、「お母さんを返せ」と叫んだ。山姥は跳ね起

き、囲炉裏の火を起こそうと行くと栗が弾け、水瓶に行くと蟹に挟まれ、腰掛けに坐ろうとすると勾藤刺の三寸（一寸は約三センチ）もある棘に刺され、外に逃げだそうとしたところで牛糞を踏み、敷居につまづいて腰骨が折れた。鴨居に吊した分銅がどさっと落ちてきて、鼻がぺしゃんこになり、戸に立てかけてあった切株が倒れて、腰がつぶれた。山姥は身動きできなくなった。ヒヨコたちは母を助け出し、仲間たちに感謝した。

（原題「鶏崽救媽」周東培捜集整理『山茶』一九八八年第二期）

6　農瓜麻《ノンクワマー》の物語　漢族

広東省韶関市翁源県で採集された「農瓜麻の物語」は、ずいぶん早い時期、民国十七年（一九二八）七月に清水氏によって発表されました。

ある婦人が大根を買って実家に向かっていると、農瓜麻が、「それをよこせ」と寄ってきた。婦人は実家に持っていくからだめというと、「今夜、お前を喰いに行くぞ」と脅した。婦人は実家に行く気も失せて、家に戻って戸口で泣いていた。すると小太鼓を打ちながらやってきた小間物売りが、訳を知って、「農瓜麻は夜中に来る。戸口にこれを逆さに刺しておきなさい」と、刺繍針二十本をくれた。そんなものではとうてい太刀打ちできないと、婦人はなおも泣いた。次にやってきた肥溜め売りが、訳を知ると、豚や犬、牛の糞を戸に塗り込めて、「きっと臭くて逃げだすよ」。蛇売りも猛毒の青竹蛇を、「こいつを水瓶に入れておきなさい」と譲ってくれた。魚売りもスッポンを、「鍋に入れて。でも水ははらないで」とさしだした。卵売りは十個の鶏卵を、「かまどの灰の中に埋めておくんだよ」といってくれた。最後に臼売りが来て、「寝床の蚊帳のあたりに、掛けておきなさい」といい、「それでもだめならこれで打て」と鉄尺をくれた。婦人はそれで泣き止み、夕方までに用意を整えると、寝床に横になって臼につなげた綱を握っていた。

真夜中、農瓜麻の足音がして戸が開く気配。農瓜麻の両手は針で血だらけ、糞まみれ。手を洗おうと厨房の水瓶に手を突っ込んだとたん、青竹蛇に咬まれ、「鍋に水があるだろう」と鍋蓋をとると、スッポンに噛みつかれ、かまどの灰で血を止めようとしたとたん、十個の鶏卵が一斉に撥ねて目をやられ、寝床に向かうと、扉のかまちにぶつかって目尻がさけ、両手で蚊帳をまくろうとすると、頭上から臼が落ちてきた。身動きできなくなった農瓜麻を、婦人は鉄尺で打ちすえた。こうして農瓜麻は退治された。

（原題「農瓜麻的故事」『民俗』第十五・十六期合刊）

採集者の清水氏によると、農瓜麻は「牛のように大きく、頭は一斗枡（一斗は約一八リットル）ほどもあり、鋭い爪に毛むくじゃら」の妖怪で、「猩猩《しょうじょう》のようだという人もいるが、真相のほどはわからない」との由。もしも今日の採集でしたら〝老変婆《ラオピェンポー》〟（〝鴨変婆〟、山姥）のように訳したと思いますが、それでも山姥像がイメージできる貴重なコメントです。小間物売りが、「戸口に逆さに刺しておくように」といってわたしてくれた刺繡針は、布靴を作る時に用いる大ぶりな針のこと。厚い靴底をしっかり刺せる針ならば、山姥の両手は血だらけになることでしょう。ちなみに大根は路傍に山と積んで売られています。見た目はこぶりの青首大根のようですが、切ってみると鮮やかな紅色が現れ、硬そうに見えても水分はたっぷり。湯冷ましを携帯する乾燥した中国では、ちょっとした飲み水代わりになる貴重な野菜で、これをかじりながら歩いている人の姿を、しばしばみかけます。

7　虎妖怪《とらようかい》　漢族

浙江省紹興市に流伝している「虎妖怪」も、割に早い時期の民国十八年の発表です。

婆《ばあ》が大根を三本買った。それを見ていた虎妖怪が、「一本おくれ」と手を出した。婆が与えるとかぶりつき、「もう一本」と要求する。婆が拒むと、「くれないなら、今夜お前を喰いに行く」というではないか。婆は家に戻って戸口で泣いていた。通りかかったスイカ売りが、「どうしたの」と聞くので、訳を話した。スイカ売りはスイカを一抱えくれた。すると次つぎヘチマ売りやカボチャ売り、蓮根売り、箒売り、鴨の卵売り、縫針売り、ゴザ売り、砂糖売り（球形の砂糖で、俗に圓眼糖《ユワンイエンタン》という）が、それぞれの売物を置いていってくれた。婆はヘチマを胴体に、スイカを頭に、圓眼糖を目に、蓮根を左右の手に、カボチャをお尻に、箒を両足にして人の姿のように作った。それから卵をかまどの灰の中に入れ、縫針を床にまき、梯子にゴザを敷いて、二階に登って隠れていた。

真夜中、虎妖怪はやってきた。梯子を登ろうとしてゴザに滑り、人間の風をした〝人〟に気づいてむしゃむしゃ喰いだした。腹一杯になると、タバコを一服とかまどに行ったとたん、卵がバーンと弾け、目を直撃されて死んでしまった。

（原題「老虎精」『紹興故事』陳徳長、婁子匡整理　民国十八年（一九二九）国立中山大学售書處）

8　少年と虎　傈僳《リス》族

雲南省に入ると蔵《チベット》族や哈尼《ハニ》族、普米族、傈僳《リス》族などにも「猿と蟹」が語られています。このうち西蔵に近い迪慶蔵族自治州維西傈僳族自治県の傈僳族の「少年と虎」の話は次のようです。

少年は森で伐った薪を売って、母とつましく暮らしていた。ある日薪を担ごうとすると、その重いこと。虎が少年を狙っていた。少年は、「この薪を持ち帰り、母に食事を与えてからにしてくれ」と頼んだ。虎は、「いいだろう。夜になったらお前を喰いに行くぞ」と言って、たち去った。少年は泣き泣き帰る途中、鶏卵や羊皮、馬鹿《マールー》（小型の鹿）、猟犬が、つぎつぎに、「どうしたの」と聞いてくれたので、訳を話した。その夜、みんなそろってやってきて、母子を隠した。卵は囲炉裏の灰にもぐり、羊皮は戸口の外に、馬鹿と猟犬は戸外の藪に身をひそめた。虎が来て家中を探した。囲炉裏の卵はパンとはぜて虎の片目に入り、ふいをくらった虎が外に跳び出すと羊皮に滑り、馬鹿がもう片方の目を蹴りあげ、猟犬が襲って喉に噛みつき、少年が長刀で切りつけた。虎は絶命した。

（原題「小孩和老虎」李興、密英文捜集整理『傈僳族民間故事選』一九八五年 上海文芸出版社）

これは雲南省の怒江傈僳族自治州蘭坪普米族自治県で採集されました。普米は〝白い人〟の意味をもち、はるかな祖先は遊牧の民の羌人の一支系と考えられています。平均海抜二六〇〇メートル以上の高原山岳地帯に居住し、主生業は農業ですが、羊の牧畜業も盛んです。アニミズムの他にラマ教、道教を信奉し、山神と龍神（山の泉の神）、竈神の祭祀を欠かしません。

9 オンドリの仇討ち 普米族《プミ》

平穏に暮らしている鶏一家があった。ある朝のこと、オンドリが餌を探しにでかけて狐に出合い、「どこ行くの」と聞かれて、うっかり、「山に餌を探しに」。「誰が留守番しているの」と聞かれると、また不用意に、「お母さんと子どもたち」と答えてしまった。

夕方、オンドリが帰宅してみると、家はがらんとしている。あちこち探し、心当たりの仲間の家にも行ってみた。途中、友人の木棒や針、瓦、オオスズメバチに出合った。彼らは訳を知ると、オンドリと一緒になって森やら谷やら、村々を探し回ってくれたのに、みつからない。よくよく考えてみると、きっとあいつの仕業だと、思い当たった。

彼らはオンドリの家に戻ると、木棒は戸口の陰に、針は塀の裏の苫に隠れ、オンドリは梁の上にとまった。しばらくすると、思った通り狐が現れた。戸口を入ってくると、まず暖を取ろうと囲炉裏端に坐った。すると瓦が狐の顔めがけて囲炉裏の熱い灰をぱっと投げた。慌てた狐はオンドリの寝床に跳ぶと、針にぶすっと刺された。痛さに悲鳴をあげた狐は戸口の陰に跳ぶと、木棒に思い切りたたかれた。狐はここは逃げるに如かずと、塀の裏側の苫に隠れようとすると、ハチがのがさず一刺し。狐は叫びながら屋根に逃げた。梁で待ち構えていたオンドリが、怒りのままに狐の顔をつついた。狐は昏倒して屋根から転げ落ちて死んだ。木棒、梁、瓦、ハチはオンドリの仇が血の海に沈むのを確かめると、それぞれ帰って行った。オンドリは感謝した。

（原題「公鶏報仇」和法保土採録『蘭坪民間故事集成』一九九四年　雲南大学出版社）

「猿と蟹」は中国で広く語られています。したがってまだまだ紹介したいと思う反面、物語としてはどれも同じような経過をたどるので、全部紹介してもあまり有効ではないとも思います。少し心残りですが。

さて、ここで退治されるのは恐ろしげな妖怪、蟒古斯、山姥や虎、狐、狼などです。グリム童話の「コルベスさん」には比較にならない、圧倒的に強力な敵です。なにしろ彼らは大切な家族を喰い、「お前を喰うぞ」と脅すのです。弱者が協力して退治しようとする充分な理由がありました。

そうはいっても、この強敵は、ここに語られているほどあっさり、間抜けに、退治されるはずはないのです。きっとこの昔話は、ただ袖振り合うも多生の縁とばかり助太刀してくれた仲間との連携プレーの痛快さ、愉快さ、大切さを語るほかに、何かもっと大事な知恵が含まれているのではないかと、思われてなりません。

ちなみに吉沢和夫氏の『民話の心と現代』（一九九五年　白水社）によると、佐渡のすぐれた語り手の松本スエさんが「かにむかし」の話をしてくれたとき、
私は「なぜサルを殺さねばいけないのかな」と半ば独り言のように尋ねたのです。するとスエさんは間髪をいれず、「当たり前だ、サルの奴は殺さねばなんね」と答えたのです。そしてつづけてこう言ったのです。「カニが水をやったり肥料をやったりしてせっせと働いてこさえた柿の実を、サルの奴は何もしないで横あいからひょっと出てきて食ってしまったんだ。こんな奴は殺されて当たり前だ」というのです。

私は、はっとしました。サルを殺すのは仇討ちのためではないのです。他人（ここではカニ）の労働の成果を何ひとつ手伝いもしないでいきなり横あいから出てきて奪ってしまう者（ここではサル）に対する制裁として考えているのです。もちろんこれは、この民話に対するひとつの解釈にすぎないのかもしれません。しかし私は、すぐれた語り手であるスエ婆さん

から、「民話を伝承する心」というものを教えられたように思います。
と述べておられます。

中国の「猿と蟹」は3の仫佬《ムーラオ》族の「桃の木の下で」が「労働の成果を横取りされた」のに当たりますが、そのほかはそれより遙かに深刻な「命をとられるかどうか」を語っています。だからどれほどの強敵であろうと、「殺さねばなんね」なのです。

それに昔話では、悪いことをした者にはそれ相応の罰を与えるのが法則でした。小澤先生も、「メルヒェンでは、主人公の命を奪ったり、狙ったりした者は最後には抹殺されなければならない、ということは鉄則なのです」と指摘しておられます。厳しく言えば、「悪者には死を」という法則です。もちろんそれに対して「正直者、善良な働き者にはそれにふさわしい幸せな暮らしを」というのも、法則でした。それが昔話に託した人々の願いなのです。わたくしたちは「めでたしめでたし」で終って、ようやく安心するではありませんか。

シルクロードをつなぐ昔話
―中国のグリム童話の旅を終えて

中国に行くと、わたくしはいつもカバー写真にみるような山の道を、トットコトットコたどります。車の通れない細い坂道も、えんえん登りました。山の道は山から山へ、どこまでもどこまでも続いていています。

この山の道を、わたくしは昔話を求めて歩きました。歴史的には絹の道とよばれている道や、古い茶馬古道、あるいは塩の道、銅鉄の道などという道とも重なりますが、わたくしにとってはどれも「昔話の道」です。

西安では大雁塔《だいがんとう》を訪ねました。玄奘《げんじょう》和尚がインドから持ち帰った大量な仏典の翻訳にあたった仏塔です。狭くて急な螺旋階段をてっぺんまで登り、西向きの小窓をのぞいてみました。早春の煙るような木立の中を、小道がひとすじ延びています。遙かシルクロードへ、ローマへと、いざなわれる思いがしました。敦煌では、敦煌研究院の友人のおはからいで、莫高窟《ばっこうくつ》の、修復中と最古の窟を除くすべての窟を見せていただきました。どれも仏様、観音様への深い祈りが満ちていて、シルクロードの香りを満喫しました。それにしても、ここをめざしてどれほど大量の文化が流れ込み、あふれ出ていったことでしょう。『グリム童話』の昔話は、こうした山の道を伝って、東へ西へと運ばれました。果てしない遠い道のりを、かるがる越えていきました。

南方熊楠《みなかたくまぐす》氏は、中国の九世紀の随筆集『酉陽雑俎《ゆうようざっそ》』に記載された「葉限《ようげん》」の物語を読んで、これは昔話シンデレラだと気づきました、「そのまま埋め去るのは」余りに惜しいので、後にご論文に発表されました。それにより、「シンデレラ」が決して「欧州特有の物語ではない」ことを、わたくしたちは知ったのです。その『酉陽雑俎』は八六〇年ころの成立とされています。すると昔話シンデレラは、それよりさらに古くから語られ伝えられていた、ということになります。日本でいえば、『竹取物語』の時代あたりでしょうか。グリム兄弟が『グリム童話』を出版してから二〇〇年ですが、昔話はらくらく世紀を越え、世代を越えるのです。

それはきっと、昔話には賢い祖先が子孫に伝えようとした知恵が、山のようにつまっているからに相違ありません。祖先は人々の、正直で心優しい働き者が幸せになるという願いも、語り込めました。なによりも、「地球上の人類全体を結びつける」普遍性を持っているからこそ、昔話は時空をたやすく跳び越えて、わたくしたちの元に届けられたのです。

もしも「グリム童話は残酷」なのだったとしたら、どうして今日まで語り継がれてきたでしょうか。

ところで南方氏は「久しくとっておきの物」を紹介する期を、長いこと待ちもうけておいでした。わたくしも広い中国のあちこちで語られているグリム童話に気づくたび、早く紹介したいという気持ちを、ずっと抱えていました。すると、小澤先生のご講演を伺った日のこと、「全人類の宝である昔話を、私蔵してはいけないよ」という声が聞こえてきました。

そこで三弥井書店の吉田智恵氏に「中国のグリム童話」をまとめたいのだけれど、とご相談したところ、「面白そうだからぜひ進めて」と言っていただきました。社長さんのご快諾もあって、ようやくここに一握りの「中国のグリム童話」を紹介させていただくことができました。なんとうれしいことでしょう。

もしも本書を読んで、あらためて地球をひとまたぎする昔話世界の、豊かな広がりと祖先の知恵に興味をもつ若い方がお一人でも増えれば、更にうれしいことです。

なお、挿絵は原書の本文を飾っていたものです。民族の風俗がわかるので、そのまま使わせていただきました。カットの切手は「中華人民共和国成立五十周年」を記念して一九九九年に発行された、漢族を含めた五十六民族のカラー切手「民族大団結」です。とてもきれいな切手ですが、全部は使いきれませんでした。

最後になりましたが、出版をお引き受けくださり、陰に日向にご支援をくださった社長の吉田栄治氏と、面倒な編集作業をご担当くださり、適切なアドバイスをくださった吉田智恵氏に、心から感謝申し上げます。

二〇一五年一月十日

百田弥栄子

著者紹介

百田弥栄子（ももた・やえこ）

慶應義塾大学文学部卒業。

国立民族学博物館、国際日本文化研究センターの共同研究員を経て、現在中日文化研究所教授。

所属は中国児童文学研究会、日本口承文芸学会、説話・伝承学会（委員）、日本昔話学会（委員）。

主要著訳書に『中国の伝承曼荼羅』『中国神話の構造』『鉄文化を拓く炭焼長者』（共著）『古事記の起源を探る創世神話』（共著）（以上三弥井書店）、『嘉陵江の水は青く』（朝日新聞社）、『中国少数民族の婚姻と家族』（共訳、第一書房）その他。

主要論文に「灰かぶりの素顔と主題考」「永寧の“母系”家族とその社会」「蓑と五徳と来訪神」「草薙剣の系譜」「中国の三輪山神話」「伝承曼荼羅にみる難題の機能」その他。

シルクロードをつなぐ昔話 **中国のグリム童話**

2015年2月6日　初版発行
定価はカバーに表示してあります

発 行 者　吉田榮治
発 行 所　株式会社 **三弥井書店**
〒108-0073 東京都港区三田3-2-39
電話03-3452-8069 振替00190-8-21125

ISBN978-4-8382-3273-4 C0039　　印刷 藤原印刷